natürlich oekom!

Mit diesem Buch halten Sie ein echtes Stück Nachhaltigkeit in den Händen. Durch Ihren Kauf unterstützen Sie eine Produktion mit hohen ökologischen Ansprüchen:

- mineralölfreie Druckfarben
- Verzicht auf Plastikfolie
- Kompensation aller CO_2-Emissionen
- kurze Transportwege – in Deutschland gedruckt

Weitere Informationen unter www.natürlich-oekom.de und #natürlichoekom

Bibliografische Information der Deutschen Nationalbibliothek:
Die Deutsche Nationalbibliothek verzeichnet diese Publikation in der Deutschen Nationalbibliografie; detaillierte bibliografische Daten sind im Internet über www.dnb.de abrufbar.

4. Auflage 2023

oekom – Gesellschaft für ökologische Kommunikation mbH, Waltherstraße 29, 80337 München

Gesamtgestaltung: www.buero-jorge-schmidt.de
Lektorat: Annika Christof
Korrektorat: Petra Kienle
Satz: Ines Swoboda

Bildnachweis: © Alle Bilder Caroline Pfützner
außer S. 8 Michael Fritzen, S. 10 Adobe Stock/filipefrazao, S. 11 Bruno Glaser, S. 13 AdobeStock/potentilla, S. 14 AdobeStock/Aleksey Zakharov, S. 17 li Volker Prasuhn/Wikimedia Commons, S. 17 re AdobeStock/Gudellaphoto, S. 19 AdobeStock/Mauro Rodrigues, S. 23 Ingrid Kottke/Wikimedia Commons, S. 29 Stoppe/Wikimedia Commons, S. 33 luckyprof/Wikimedia Commons, S. 34 Kurt Wirz/www.farben-und-formen.com, S. 36 AdobeStock/Cora Müller, S. 39 AdobeStock/Martina Berg, S. 44 AdobeStock/Sonne_Fleckl, S. 98 AdobeStock/Mariusz Blach, S. 110 Adobe Stock/Reena, S. 113 www.sampada.de, S. 114 o Hans-Peter Schmidt/ithaka institute, S. 114 u Volker Lange/www.erdnah-blog.de, S. 116 Christoph Klocker, S. 132 Adobe Stock/Dirk Vonten, S. 137 4028mdk09/Wikimedia Commons, S. 138 o Alupus/Wikimedia Commons, S. 138 u PtrQs/Wikimedia Commons, S. 146 AdobeStock/Ludmila Smite, S. 148 Wald1siedel/Wikimedia Commons, S. 149 fotolia/bidaya, S. 150 AdobeStock/kirahoffmann, S. 151 H Douglas-Walker/Wikimedia Commons, S. 152 o Augustus Binu/Wikimedia Commons, S. 152 u AdobeStock/Wiski, S. 153 4028mdk09/Wikimedia Commons, S. 154 Moehre1992/Wikimedia Commons, S. 155 AdobeStock/brunobarillari, S. 157 AdobeStock/5ph, S. 159 AdobeStock/diewalther, S. 160 AdobeStock/photo 5000
© Alle Grafiken: Laura Brings

Druck: Friedrich Pustet GmbH & Co. KG, Regensburg

ISBN 978-3-96238-015-1

Caroline Pfützner

Natürlich gärtnern mit Terra Preta

Praxiswissen für Garten, Hochbeet und Balkon

Vorwort

Viele Abenteuer beginnen scheinbar harmlos – in diesem Fall war es das völlig verwilderte Gemüsebeet, das uns mein Großvater vor mehr als zehn Jahren hinterlassen hatte. In der Großstadt aufgewachsen, war ich ganz euphorisch bei der Vorstellung, demnächst als »Selbstversorgerin« mein eigenes Bio-Gemüse zu ernten. Und 100 Quadratmeter zu bearbeiten, schien mir überhaupt kein Problem - schließlich hatte ich schon Tomaten und Kräuter auf dem Balkon gezogen. Die Realität holte meine Familie und mich allerdings bald ein: Die Erde war miserabel - stark verdichtet, fast keine Regenwürmer und sehr viel Unkraut. Das Gemüse wuchs entsprechend schlecht, die ersten Kompostversuche endeten kläglich und mit den Massen von Schnecken hatten wir auch nicht gerechnet. Uns blieb nur die Wahl, entweder gleich wieder aufzuhören oder etwas zu finden, das den Boden aufbaut, und zwar möglichst schnell und ohne Chemie. Wir stießen auf die Effektiven Mikroorganismen und kurz danach auf erste Berichte über einen legendären Boden vom Amazonas, Terra Preta genannt. Da war sie, die Lösung: metertiefe Humusschichten mit mehreren Ernten pro Jahr - und das alles ohne Düngen! Nur konnte man diese schwarze Erde nirgendwo kaufen. Stattdessen fanden wir Anleitungen zum Selbermachen und gingen sofort ans Werk. Schon in der nächsten Saison war die Ernte viel besser als erwartet. Auch Dünger brauchten wir tatsächlich nie und die Schnecken wurden kontinuierlich weniger. Heute sind sie aus dem Beet so gut wie verschwunden.

Aber woher kam diese Wirkung? Eine Frage, die anscheinend nicht nur uns interessierte, denn bei unseren Recherchen bemerkten wir bald, dass sich Anwender und Wissenschaftler aus aller Welt damit beschäftigten. 2013 erschien schließlich das bisher einzige deutschsprachige Buch »Terra Preta – die schwarze Revolution aus dem Regenwald«, in dem Ute Scheub zusammen mit Haiko Pieplow und Hans-Peter Schmidt einen großartigen Überblick über die zahlreichen Möglichkeiten der Terra Preta und der Anwendung von Schwarzerde weltweit bieten.

Was mich dabei besonders faszinierte, war die Komplexität des Bodens. In ihm spielen sich ständig zahllose Vorgänge ab, deren reibungsloses Funktionieren vom Zusammenspiel unzähliger Kleinstlebewesen abhängig ist, die wir kaum je zur Kenntnis nehmen – von winzigen Bodenpilzen und Bakterien bis hin zum Regenwurm. Ohne sie gäbe es keine Pflanzen, Tiere oder Menschen. Und ich staunte über die unglaubliche Intelligenz der Natur, die sich gerade in der Terra Preta so perfekt zeigt.

Wir beschlossen, dass dieses wichtige Thema weiter verbreitet werden sollte, und gründeten unseren Familienbetrieb. Dann begannen wir mit ersten Vorträgen, die bald darauf auch durch zahlreiche Praxis-Seminare ergänzt wurden, und dabei fiel auf, wie groß der Wunsch vieler Menschen ist, wenigstens im eigenen Umfeld mit der Natur zu arbeiten anstatt gegen sie. Die Folgen des massenhaften Einsatzes von Mineraldünger und Pestiziden und fehlgeleiteter Subventionen werden also sehr wohl wahrgenommen und entsprechend abgelehnt.

Uns wurden immer wieder die gleichen konkreten Fragen zur Herstellung und Anwendung von Schwarzerde gestellt, mit deren Hilfe ein fruchtbarer Terra-Preta-Boden entsteht.

Daraus entwickelte sich schließlich die Idee für diesen Ratgeber, in dem Sie erfahren, was Terra Preta ist und wie Sie Schwarzerde selbst herstellen können. Dazu gehört zunächst etwas Hintergrundwissen, mit dem die komplexen Zusammenhänge im Boden und die Auswirkungen auf die Umwelt verständlich werden sollen. Im großen Praxisteil zeigen wir Ihnen dann Schritt für Schritt, wie Sie Ihre eigene Schwarzerde herstellen können, ebenso eine Anleitung für die Selbstherstellung von Pflanzenkohle und Effektiven Mikroorganismen, die nicht nur bei der Schwarzerde eine wichtige Rolle spielen. Außerdem bekommen Sie zahlreiche konkrete Gartentipps, die den Aufbau und Erhalt eines lebendigen Terra-Preta-Bodens unterstützen. Und auch Hobbygärtner ohne Garten finden hier praktische Anregungen zur Herstellung und Anwendung der Schwarzerde.

Das letzte Kapitel richtet sich schließlich an die Landwirte. Es zeigt, welchen Gewinn sowohl die Tiere im Stall als auch Acker- und Grünland beim Einsatz von Pflanzenkohle und Effektiven Mikroorganismen haben: gesündere Tiere bei weniger Arbeitsaufwand und gesündere Böden mit mehr Ertrag.

Zum Abschluss finden Sie im Anhang eine Zusammenstellung hilfreicher Literatur und Internet-Adressen.

Wenn man mich heute fragt, was mir die Terra Preta gebracht hat: die pure Freude am Gärtnern!

In diesem Sinn wünsche ich Ihnen viel Vergnügen beim Lesen und gutes Gelingen in der Praxis.

Tirol, im Winter 2017
Caroline Pfützner

Terra Preta – die Zukunft des Gärtnerns

Terra Preta – Wundermittel für unsere Pflanzen oder eine Hoffnung für die Zukunft der Erde? Beides! Wie sie entstand, was sie kann und worauf die enorme Bandbreite ihrer Wirkung im Einzelnen beruht – damit beginnt dieser Ratgeber.

Was ist Terra Preta?

1878 berichteten erstmals Forscher von tiefschwarzen Böden in Gebieten entlang des Amazonas, die sich deutlich von den dort üblichen unfruchtbaren hellen Ferralsol-Böden abgrenzten. Sieben Jahre später erschien eine erste Aufzeichnung mit Beschreibungen der Inhaltsstoffe dieser schwarzen Böden, in denen man Tonscherben, Überreste von Holzkohle und Steinwerkzeuge gefunden hatte. 1903 wurde ihre außerordentliche Fruchtbarkeit dokumentiert, doch erst ab 1966 bzw. in den 1980er-Jahren wurde sie durch intensive Forschungen weltweit bekannt – die Erde, die von den Einheimischen »Terra Preta do Indio« genannt wird (portugiesisch für »schwarze Erde der Indianer«). Messungen ergaben, dass sie einen Humusgehalt von mindestens 15 Prozent aufweist und an manchen Stellen weit über einen Meter mächtig ist.

Inzwischen weiß man, dass diese Terra-Preta-Böden von einer indianischen Hochkultur geschaffen wurden, die vor rund 500 Jahren schon bald nach der Ankunft der europäischen Eroberer untergegangen ist. Und dass die Annahme, im Amazonasbecken hätten aufgrund der schlechten Böden nur wenige Menschen existieren können (heute sind es etwa 350.000 Einwohner), falsch ist: Tatsächlich lebten hier 5 bis 25 Millionen Menschen in großen Städten entlang des Amazonas und seiner Nebenflüsse, wie Funde von Siedlungsresten belegen – und wovon auch der erste spanische Entdecker Francisco de Orellana (1511–1546) berichtet hatte, dessen Aufzeichnungen nach seiner Rückkehr in Spanien als Hirngespinste abgetan worden waren.

Eine so große Anzahl von Menschen hätte jedoch kaum in einer Umgebung mit wenig fruchtbaren Böden leben können. Der Grund für die einst hohen Bevölkerungszahlen kann deshalb nur in der Terra Preta liegen.

Die großen Städte im Amazonas-Becken sind längst verschwunden. Vermutlich fielen die Menschen damals den eingeschleppten Krankheiten der Eroberer zum Opfer.

Terra Preta: eine 7.000 Jahre alte Methode

Auf der Suche nach dem Geheimnis der Fruchtbarkeit dieser Böden stellte sich heraus, dass die beiden wichtigsten Faktoren bei der Entstehung von Terra Preta Holzkohle und organische Abfälle sind. Die einstigen Bewohner hatten ihre gesamten organischen Abfälle einschließlich ihrer Fäkalien zusammen mit der Holzkohle, die beim Kochen entstand, im Boden vergraben – teilweise in großen Tontöpfen – oder in Komposthaufen oberirdisch verbrannt bzw. verkohlt. Damit lösten die Indios nicht nur auf sehr einfache und effiziente Weise ihr Abfallproblem, das im feucht-heißen Klima des Amazonas ein ständiges Gesundheitsrisiko bedeutete, sondern hielten mit diesem Verfahren auch das Wasser sauber, was für ihr Überleben ebenso wichtig war wie ein fruchtbarer Boden. Durch Vergraben wurden die Abfälle außerdem nicht einfach kompostiert, sondern unter Luftabschluss fermentiert, um dann allmählich zu vererden und sich in Terra Preta umzuwandeln. Sie bildete die Basis für einen ausgeklügelten Etagenanbau, durch den ausreichend Lebensmittel produziert werden konnten. Auf diese Weise betrieben die Indios eine nahezu verlustfreie Recycling-Wirtschaft - und das bereits vor gut 7.000 Jahren, wie Funde eindeutig belegen.

Ein Merkmal der schwarzen Terra-Preta-Böden ist ihre Fähigkeit, sich selbst zu regenerieren. Das brachte so manche auf die Idee, die fruchtbare Schwarzerde schichtweise abzutragen und zu verkaufen, bis die brasilianische Regierung dagegen einschritt.

Eine weitere Überraschung war außerdem die Regenerationskraft der Terra-Preta-Böden, deren enorme Fruchtbarkeit bis in unsere Zeit unverändert erhalten geblieben ist. Sie ermöglicht den Einheimischen noch heute mehrere Ernten pro Jahr – ohne zusätzlichen Dünger. Dies zeigt auch ein erstaunliches Phänomen: Trägt man einen massiven Terra-Preta-Boden bis auf einen Rest weitgehend ab, erreicht er ohne äußeres Zutun nach mehreren Jahren wieder seine alte Mächtigkeit.

Diese Funde regten intensive Untersuchungen an, ob und wie sich das System der Terra Preta auf unsere Klima- und Bodenverhältnisse übertragen lässt. Inzwischen belegen zahlreiche Anwendungen, dass eine nach den Prinzipien der Terra Preta hergestellte Schwarzerde auch bei uns sehr gut geeignet ist, den Boden nachhaltig und ohne zusätzlichen Dünger aufzubauen und mit allen Nährstoffen zu versorgen bzw. ausgelaugte Böden zu revitalisieren oder überdüngte Böden wieder ins Gleichgewicht zu bringen. Anfangs wurde allerdings versucht, die neue Terra-Preta-Methode patentieren zu lassen, um daraus Kapital zu schlagen. Doch eine Kulturtechnik, wie sie uns von den Indios geschenkt wurde, sollte und kann niemandem »gehören«. Zum Glück hat sich das Wissen um die Schwarzerde mittlerweile weltweit verbreitet, da es heute dringender gebraucht wird denn je.

Schwarzerden in Europa

Terra-Preta-Böden unterscheiden sich grundsätzlich von den sogenannten Schwarzerden [Tschernosem], wie sie vor allem in den Steppengebieten der Ukraine oder Südrusslands vorkommen. Deren Entstehung ist sehr wahrscheinlich natürlichen Ursprungs und geht vor allem auf die dortigen klimatischen Bedingungen mit sehr heißen Sommern und eiskalten Wintern zurück, die einen schnellen und nachhaltigen Humusaufbau bewirkten. Auch die Holzkohle, die bei Steppenbränden entstand, trägt zur außergewöhnlichen Fruchtbarkeit dieser Böden bei.

Größere Flächen mit solchen Schwarzerden wurden auch in Mitteleuropa gefunden, in Deutschland vor allem in der Magdeburger und Hildesheimer Börde sowie in Thüringen oder im österreichischen Weinviertel. Menschengemachte Schwarzerden fand man auch auf kleineren Flächen bis ein Hektar im Wendland und in der Umgebung von Köln; unzählige Erdgruben aus dem Mittelalter mit erheblichen Kohleanteilen wurden in Nord- und Mitteldeutschland, Großbritannien und Skandinavien entdeckt.

Natur und Umwelt heute

Für viele Vogelarten sind die Raupen der Schmetterlinge ein wichtiges Futter. Bekannt sind rund 160.000 Schmetterlingsarten, zu denen auch der auffällige Admiral gehört.

Jede sinnvolle Therapie beginnt mit der richtigen Diagnose, in diesem Fall mit einer ungeschminkten Zustandsbeschreibung unserer Umwelt. Deshalb soll Ihnen dieses Kapitel vorab einen kurzen Überblick geben, wie sich die derzeitige Situation in der Stadt und auf dem Land, bei den Hobbygärtnern und in der Landwirtschaft darstellt. Natürlich kann diese Beschreibung nicht vollständig sein und ist zudem subjektiv, aber die Wahrnehmung dessen, was um uns herum geschieht, und die Überzeugung, dass in vielen Bereichen dringender Handlungsbedarf besteht, wird von zahlreichen Menschen geteilt.

Eine mögliche Antwort auf die Frage, wo wir heute stehen, bietet ein Blick auf eine ganz besondere Tierart: die Schmetterlinge. Sie stehen stellvertretend für viele andere Arten, die in den letzten Jahrzehnten allmählich und fast unbemerkt von der Bildfläche verschwunden sind.

Das Verschwinden der Schmetterlinge ...

So lautete der Titel einer Pressekonferenz der Deutschen Wildtier Stiftung im August 2017 in Hamburg. Darin wurden die Ergebnisse einer mehr als 40-jährigen Beobachtung von nachtaktiven Schmetterlingen im südostbayerischen Raum vorgestellt: Von mehreren hundert Arten, die dort noch vor einigen Jahrzehnten häufig anzutreffen waren, sind viele inzwischen ganz ausgestorben und zahlreiche akut bedroht. Gleiches gilt für die Gesamtheit der Insekten, deren Bestand in Deutschland seit 1989 um 76 Prozent zurückgegangen ist. Und wo die Raupen der Schmetterlinge oder die Insekten fehlen, finden auch Singvögel keine Nahrung mehr – Spatzengezwitscher ist heute viel weniger zu hören und Schwalben sind inzwischen ein seltener Anblick geworden.

Einige Schmetterlingsarten wie dieser Bläuling sind wegen ihrer Spezialisierung auf bestimmte Futterpflanzen durch die Eingriffe in ihre Lebensräume inzwischen stark gefährdet.

Bei der Frage nach den Ursachen schied die Klimaerwärmung aus, die den wärmeliebenden Schmetterlingen eigentlich entgegenkommen müsste; aber trotz der warmen Sommer der letzten Jahre sind ihre Bestände nicht gewachsen. Auch die Frage nach Luftschadstoffen wie den Schwefeloxiden brachte keine passende Antwort: Die industriellen Abgase haben sich seit der Jahrtausendwende halbiert, bei den Autos gingen sie sogar um zwei Drittel zurück.

Ein Hinweis auf die Ursachen für das große Schmetterlingssterben könnte der Umstand sein, dass der Hauptrückgang bereits in den 1980er-Jahren erfolgte und mit der Energiewende noch etwas verstärkt wurde, wenngleich ihre Anzahl in den letzten zehn Jahren auf niedrigem Niveau konstant geblieben ist. Erstaunlich ist, dass die Vielfalt der Schmetterlinge in den Gärten und Parkanlagen der Städte vergleichsweise besser erhalten blieb als auf dem Land.

Was aber hat sich dort verändert? Anfang der 80er-Jahre begann die große Umstellung in der Landwirtschaft: Mit den wachsenden Agrarsubventionen wuchs auch die Größe der Ackerflächen und damit der Maschinen, die abbezahlt werden mussten und so den Landwirt unter Druck setzten, entsprechend intensiv zu produzieren. Wer als Kleinbauer nicht mithalten konnte oder wollte, wurde verdrängt. Gleichzeitig musste in den immer größeren »Tierfabriken« die überschüssige Gülle verwertet werden, die notgedrungen zusätzlich auf dem Grünland ausgebracht wurde. Das hatte eine Überdüngung mit Stickstoff und die zunehmende Nitratbelastung des Grundwassers zur Folge, deren Höchstgrenze heute durch die Düngemittelverordnung geregelt werden muss. Mit den erneuerbaren Energien kam die Subventionierung der so genannten Energiepflanzen dazu, die in endlosen Monokulturen angebaut werden. Bei uns sind das vor allem Raps, den man zu Biosprit verarbeitet, und Mais, der in Biogasanlagen Biogas und Wärme liefert.

Kurzum: In unseren heutigen Agrarwüsten, in denen kein Fleckchen Erde mehr unbearbeitet bleibt, finden Schmetterlinge und mit ihnen die anderen Insekten buchstäblich keinen Platz mehr.

Der Eichelhäher legt im Herbst mehrere Winterverstecke mit Eicheln, Nüssen und Bucheckern im Boden an und trägt so zu ihrer Verbreitung bei.

Aber liefern die reichlich gedüngten Wiesen und Äcker den Schmetterlingen nicht genug Nahrung? Leider ist das genaue Gegenteil der Fall. Viele von ihnen sind auf natürlich bewachsene Flächen mit mageren Böden angewiesen, wie sie heute oft nur noch entlang von Bahnstrecken oder um Steinbrüche herum zu finden sind. Verschwunden sind die meist mit dichten Gehölzen bestandenen Randstreifen der Äcker, die genug Nahrung und Verstecke boten und nebenbei noch als Schutz vor Winderosion dienten. Selbst ungenutzte Flächen wie die Randstreifen von Forstwegen werden regelmäßig abgemäht.

Und so sorgen wir in unserem Bestreben nach maximaler Effizienz und mit unserer »Ordnungswut«, die Natur so sauber und übersichtlich wie unsere Wohnzimmer zu halten, dafür, dass andere Lebewesen neben uns nicht oder kaum mehr existieren können.

... und was es bedeutet

Durch den dramatischen Rückgang der Insekten geraten unsere Ökosysteme zunehmend unter Druck – mit unabsehbaren Folgen. Und obwohl vier Prozent der Landfläche von Deutschland als Naturschutzgebiet ausgewiesen sind, konnte der Rückgang der Insekten auch dort nicht aufgehalten werden. »Wir befinden uns gegenwärtig auf Kurs zu einem ökologischen Armageddon«, äußerte sich eine britische Studie zum gleichen Thema. Und: »Bei dem derzeit eingeschlagenen Weg werden unsere Enkel eine hochgradig verarmte Welt erben.«

Um zu verdeutlichen, welche Folgen unbedachte Eingriffe in funktionierende Ökosysteme haben können, brauchen wir nur einen Blick in das China der späten 1950er-Jahre zu werfen: Dort wurden nach einem Erlass von höchster Stelle bei der »Großen Spatzenkampagne« zwei Milliarden Spatzen getötet, um das Getreide vor ihnen zu schützen. Unmittelbar danach kam es zu einer furchtbaren Plage mit Getreideschädlingen, die eine große Hungersnot mit sich brachte. Was man übersehen hatte, war die Tatsache, dass Spatzen zwar gerne Getreidekörner fressen, aber eben auch viele Insekten und Raupen. Die Konsequenzen des gestörten natürlichen Gleichgewichts waren unmittelbar zu spüren.

Weniger sichtbar sind dagegen die Folgen, die sich aus der aktuell rückläufigen Zahl der Vögel ergeben. Wenn weltweit jede achte Art vom Aussterben bedroht ist, kann aber auch das nicht ohne Auswirkung bleiben. Neben der Regulierung der Insektenpopulationen tragen Vögel vor allem zur Verbreitung der Pflanzensamen bei, indem sie Früchte fressen und deren Samen an anderen Stellen wieder ausscheiden. Bei manchen Vogelarten spiegelt sich ihre Aufgabe sogar im Namen wider, z. B. beim Eichelhäher, der sich von Eicheln ernährt und auf diese Weise zu ihrer Verbreitung beiträgt. Bei Ebereschen erfüllen Drosseln die gleiche Funktion und der Tannenhäher hilft dem Fortbestand der Zirben. Und spätestens jetzt kommen auch die Pflanzen und damit ihre Bestäuber, die Bienen, ins Spiel.

»In der Natur ist alles mit allem verbunden, alles durchkreuzt sich, alles wechselt mit allem, alles verändert sich eines in das andere.«

Gotthold Ephraim Lessing, deutscher Dichter

Die Situation der Bienen

Bienen gehören ebenfalls zur großen Familie der Insekten und ihre akute Gefährdung ist inzwischen schon Allgemeinwissen. Das liegt vor allem an ihrem volkswirtschaftlichen Nutzen, den sie durch ihre Bestäubungsleistung erbringen und der in der EU aktuell auf jährlich 22 Milliarden Euro geschätzt wird. In den USA ist die Situation bereits so dramatisch, dass in einigen Staaten zur Blütezeit Lastwagen voller Bienenstöcke zu den Feldern gefahren werden müssen, damit die Bienen die Pfirsich-, Apfel-, Birnen- und Mandelblüten bestäuben. Sobald sie fertig sind, geht es weiter zur nächsten Obstplantage. Noch einen Schritt weiter ist man in China, wo die Menge der Bienen längst nicht mehr ausreicht, um alle Blüten zu bestäuben, sodass Menschen diese Arbeit mit feinen Pinseln selbst übernehmen müssen.

Bienen bestäuben etwa 80 Prozent der Pflanzen, einschließlich der Bäume. Auch Wildrosenhecken sind eine ideale Futterquelle.

Können wir etwas tun?

Betrachtet man das Gesamtpanorama, wozu auch der Zustand der Böden und Pflanzen gehört einschließlich des enorm gestiegenen Mineraldünger- und Pestizidverbrauchs, stellt sich die Frage, ob wir – jeder Einzelne von uns mit seinem kleineren oder größeren Garten, seinem Balkon oder nur ein paar Fensterbrettern mitten in der Stadt – überhaupt etwas ausrichten können.

Von Aristoteles stammt der Satz »Wir können den Wind nicht ändern, aber die Segel anders setzen«. In diesem Sinne kann jeder etwas beitragen – und so verstehen auch wir unsere Arbeit, die an der Basis ansetzt: dem Boden. Darüber hinaus können wir zumindest im kleinen Rahmen Ausgleich schaffen und Lebensräume zurückgeben, indem wir z. B. Obst- oder Wildrosenhecken anlegen oder eine Streuobstwiese, wo Bienen reichlich Nahrung finden. Hilfreich wäre es außerdem, den Rasen im Sommer auch mal etwas länger wachsen zu lassen und den Löwenzahn nicht gleich abzumähen oder aber in ruhigen Gartenbereichen Nischen zu schaffen, in denen die Tiere Unterschlupf finden. Die Permakultur mit ihrer scheinbaren »Unordnung« bietet dafür gute Beispiele. Auch beim Urban Gardening hat sich in den letzten Jahren viel getan und selbst ein Balkonkasten oder Töpfe auf dem Fenstersims mit duftenden Blüten können helfen, Bienen und Schmetterlinge anzulocken.

In der Landwirtschaft gäbe es ebenfalls sinnvolle Korrekturmöglichkeiten, die eine Subventionierung verdienen würden: insbesondere das Begrünen mit Büschen und niedrigen Bäumen in regelmäßigen Abständen an den Rändern der Ackerflächen, wie es vor allem in Norddeutschland (»Knicks«) oder auch in England und Frankreich (»Bocage«) seit jeher üblich ist. Obstbäume entlang den Straßen, wie sie früher häufiger zu sehen waren, wären ebenfalls hilfreich und dazu eine Bereicherung für alle.

Ob liebevoll an einer Hauswand arrangierte Blumentöpfe mitten in der Stadt oder ein blühender Brokkoli im Bauerngarten – beides bietet den Insekten Nahrung und Unterschlupf.

Die Situation unserer Böden

Dass es um unsere Böden nicht zum Besten steht, ist vielen vermutlich immer noch nicht bekannt, zu dominant ist das Thema Klimawandel in Politik und Medien.

Bei einem verdichteten Boden kann das Wasser nicht mehr ablaufen und es kommt zu Staunässe, die das Bodenleben empfindlich stört (links). Rund 20 Prozent der weltweiten Landflächen sind Wüstengebiete, die jedes Jahr um eine Fläche von der Größe Irlands wachsen (ca. 70.000 km²) (rechts).

Bei den gepflegten Privatgärten sind es oft ein Übermaß an Dünger und nicht selten auch zu viele sonstige Eingriffe, weshalb kein reichhaltiges Bodenleben entstehen kann und der Rasen nie richtig dicht und grün wird, der Pflanzenwuchs besser sein könnte oder die Tomaten so krankheitsanfällig sind.

Wirklich gravierend ist der Zustand der meisten konventionell bewirtschafteten Böden in der Landwirtschaft.

Die Situation in der Landwirtschaft

Fast überall, wo es um die Lebensmittelproduktion im großen Stil geht, werden seit Jahrzehnten Anbaumethoden eingesetzt, durch die sich der Zustand der Böden dramatisch verschlechtert hat. Müsste man das Problem in einer Formel ausdrücken, könnte sie vereinfacht etwa so lauten: Schwere Maschinen + Pflügen + Mineraldünger + Monokultur + offene Böden = Verdichtung + Erosion + Nährstoffmängel + Humusabbau + noch mehr Dünger, bei noch geringerem Ertrag. Diese Entwicklung ist hauptsächlich auf die Methoden der industriellen Landwirtwirtschaft zurückzuführen:

- Schwere Maschinen verdichten die Böden, die dadurch immer weniger »atmen« können – ein Prozess, der irgendwann nicht mehr umkehrbar ist.

- Die maschinelle Bodenbearbeitung bis in tiefe Schichten hinein schädigt das Bodenleben und bringt es aus dem Gleichgewicht. Dieser Effekt wird durch Monokulturen noch verstärkt.

- Unbedeckte Böden werden durch Wind- und Wassererosion buchstäblich weggeblasen bzw. weggespült, was zu hohen Ernteeinbußen führt. Geschätzt wird, dass bei Ackerflächen in den gemäßigten Klimazonen jährlich rund 10 Tonnen Boden/Hektar durch Wassererosion verloren gehen, was durch den Humusverlust auf Dauer zur Versteppung führt.

»Eine Handlung ist richtig, wenn sie dazu beiträgt, die Integrität, Stabilität und Schönheit der Natur zu erhalten. Sie ist falsch, wenn sie das Gegenteil bewirkt.«

Aldo Leopold, amerikanischer Naturschützer

Sind Obst und Gemüse heute noch gesund?

Wer unbehandelte Erdbeeren und Äpfel, Gurken und Tomaten kennt – am besten aus dem eigenen Garten –, wird die optisch »perfekten«, aber wenig geschmacksintensiven Exemplare aus südspanischen oder holländischen Gewächshäusern nicht schätzen können, schon gar nicht, wenn sie zusätzlich chemisch behandelt wurden.

Schon vor gut 20 Jahren zeigte eine englische Studie, dass wegen der ausgelaugten Böden auch der Gehalt an Mineralien und Spurenelementen im heutigen Gemüse weit hinter dem Gehalt einiger Gemüsearten zurückbleibt, die noch während der 1940er-Jahre in unseren Gärten wuchsen: Brokkoli verlor in diesem Vergleichszeitraum etwa 75 Prozent seines Kalziumgehalts, ebenso groß war der Magnesiumverlust bei Möhren; bei Spinat nahm der Eisengehalt um rund 60 Prozent ab. Auch in konventionell angebautem Obst wie etwa Äpfeln sind heute weniger Vitamine enthalten als früher, wie eine andere Studie zeigte. Danach betrug der Verlust an Vitamin C innerhalb von 20 Jahren bei Äpfeln rund 80 Prozent, bei Erdbeeren waren es 67 und bei Spinat 58 Prozent, wozu auch »unreifes« Ernten, lange Transportwege und falsche Lagerung beitragen.

Nichts schmeckt besser als Weintrauben von der eigenen Terrasse – frei von Pestiziden und reich an Vitalstoffen.

Mineraldünger und Pflanzenschutzmittel

Dazu kommt der ständig wachsende Einsatz von (synthetischem) Mineraldünger (NPK-Dünger) und Pestiziden. Seit 1945 hat sich der Verbrauch von Mineraldünger versiebenfacht, der von Pestiziden vervierfacht. Was daraus resultiert, ist ein Teufelskreis: Die meisten Böden in der westlichen Welt sind inzwischen so stark überdüngt (vor allem mit Stickstoff) und dadurch übersäuert, dass der Einsatz der Mineraldünger immer weniger Wirkung zeigt. Gleichzeitig fehlen den Böden wichtige Spurenelemente, die zum Aufbau von Humus nötig sind. Humus ist jedoch erforderlich, um Mineraldünger überhaupt speichern und damit längerfristig nutzbar machen zu können. Aus der Humusarmut folgt, dass bis zu zwei Drittel des eingesetzten Düngerstickstoffs in das Grundwasser ausgewaschen wird oder als Lachgas und Methan in die Atmosphäre gelangt.

Seit 2006 ist der Absatz von Pflanzenschutzmitteln in Deutschland von etwa 35.000 Tonnen pro Jahr auf jährlich 49.000 Tonnen gestiegen, der Anteil der Herbizide beträgt 35 Prozent.

Im Gegensatz zu den weltweit propagierten Klimaschutzzielen gibt es bisher keine internationalen Strategien oder gar verbindliche Regelungen, um diese Entwicklung zu stoppen. Angesichts der Sorge um den Feinstaub in der Luft oder den zunehmenden CO_2-Anstieg, die allgemeine Klimaerwärmung und die wachsende Verschmutzung der Meere wären sie eigentlich dringend geboten. Allerdings verhindern die wirtschaftlichen Zwänge der Landwirte, das enge Korsett einer interessengeleiteten Subventionspolitik und die mächtige Lobby der Düngemittel- und Pharmaindustrie bisher grundlegende Veränderungen. Im Gegenteil – vor kurzem ist die Anwendung des umstrittenen Unkrautvernichtungsmittels Glyphosat in der EU trotz warnender Stimmen für weitere fünf Jahre genehmigt worden.

Umdenken in der Landwirtschaft ist nötig

Der Wiederaufbau und die Revitalisierung der Böden können nur mit organischem Material wie Mulch, Gründüngung, Mist oder Kompost gelingen, weil die darin enthaltenen Nährstoffe vom Boden und den Pflanzen wesentlich besser verwertet werden, als dies bei Mineraldüngern der Fall ist. Allerdings muss diese Maßnahme regelmäßig wiederholt werden, um die Bodenfruchtbarkeit zu erhalten, und reicht auch nicht aus, um in einem überschaubaren Zeitraum nennenswerte Mengen an Humus zu erzeugen. Hier ist Pflanzenkohle die bisher einzige Möglichkeit, effizient und schnell Dauerhumus aufzubauen.

In der Landwirtschaft sind für den Aufbau und Erhalt eines gesunden Bodens weitere begleitende Maßnahmen wichtig, die heute oft als »Klimafarming« bezeichnet und bereits weitgehend im ökologischen Landbau umgesetzt werden:

- Reduzierung des Einsatzes von schweren Maschinen, um Bodenverdichtung zu vermeiden
- pflugloser Anbau, um die Bodenschichten und damit das Bodenleben nicht zu (zer-)stören
- ganzjährige Bodenbedeckung (Mulchen, Zwischensaaten, Gründüngung)
- Mischkulturen und Fruchtwechsel
- Begrünung der Randstreifen
- Aufbau von Agroforstsystemen.

Dass es auch anders geht, zeigen Initiativen wie etwa das »Rosenheimer Projekt« von em-Chiemgau (Seite 174), dem sich seit seiner Gründung vor mehr als 15 Jahren mittlerweile etwa 1.000 biologisch, aber auch konventionell arbeitende Landwirte aus der Region angeschlossen haben.

Was ist ein gesunder Boden und was kann Terra Preta dazu beitragen?

Oft wird angenommen, Terra Preta wäre ein ganz besonderes Substrat, das sofort zu einem unglaublichen Pflanzenwachstum führt. Diese Annahme ist so nicht richtig, denn Terra Preta ist keine Erde, sondern eine Bodenart. Ihre Besonderheit liegt vor allem in ihrem hohen Holzkohleanteil, dessen Wirkung so vielfältig ist, dass er nahezu alle Prozesse im Boden positiv beeinflusst. Damit Sie das Wunder der Terra Preta besser verstehen können, werden im nächsten Abschnitt die verschiedenen Vorgänge im Boden beschrieben, deren reibungsloses Zusammenspiel das Wachstum der Pflanzen ermöglicht.

In einem gesunden Boden finden ständig komplexe biologische, chemische und physikalische Prozesse statt. Böden bestehen etwa zur Hälfte aus mineralischen Anteilen wie Sand, Schluff und Ton und zu jeweils rund 20 Prozent aus Luft und Wasser. Die restlichen 5 bis 10 Prozent entfallen auf Pflanzenwurzeln, Bodenlebewesen und Humus (Seite 23). Im Oberboden – den oberen etwa 30 Zentimetern – arbeiten unterschiedlichste Klein- und Kleinstorganismen und sorgen so für den ewigen Kreislauf des Lebens: Durch ihre Arbeit wird Totes abgebaut und in Nährstoffe umgewandelt, um Lebendiges wieder aufzubauen. Sie sind für die Versorgung der Pflanzen, die Bodenlockerung und den Humusaufbau verantwortlich. Bei falscher Bodenpflege nimmt die Bodenaktivität ab und das fragile Zusammenspiel der Organismen gerät aus dem Gleichgewicht.

- Durch Schwarzerde wird die Aktivität und Diversität des Bodenlebens enorm gefördert, sodass der Boden flexibler auf äußere Einflüsse reagieren kann. Dabei kommt es unter anderem zu einer deutlichen Zunahme der Mikroorganismen und Mykorrhizen, aber auch der »große« Regenwurm nimmt mit Vorliebe Schwarzerde-Kompost auf und transportiert die enthaltene Pflanzenkohle durch seine Wurmgänge bis in tiefere Schichten.

Vielen Menschen ist gar nicht bewusst, welche Bedeutung der Boden hat: Er bildet buchstäblich die Basis allen Lebens, ohne ihn gäbe es weder Pflanzen oder Tiere noch Menschen.

Edaphon

Die Bedeutung des Bodenlebens wurde bereits vor über hundert Jahren von dem österreichischen Biologen Raoul Heinrich Francé erkannt, der für die Gesamtheit aller Bodenorganismen den Begriff Edaphon [griechisch »edaphos« = Erdboden] einführte. Dazu gehören pflanzliche [Bodenflora] wie tierische [Bodenfauna] Bestandteile; die Bodenflora besteht aus Bakterien, Pilzen, Algen und Flechten, die Bodenfauna unter anderem aus Fadenwürmern, Springschwänzen, Milben, Asseln, Regenwürmern, Wühlmäusen und Maulwürfen.

Der Regenwurm

Einer der bekanntesten Bodenbewohner ist der Regenwurm; allein in Deutschland gibt es 46 Arten, weltweit sind es sogar mehr als 3.000. Regenwürmer sind blind, stumm und taub und leisten dennoch einen außerordentlichen Beitrag zur Bodenfruchtbarkeit: Durch ihre tief reichenden Gänge sorgen sie für eine gute Bodenbelüftung und -struktur und erhöhen so die Wasseraufnahmekapazität. Außerdem verbessern Regenwürmer die Nährstoffversorgung, indem sie Mineralstoffe und Spurenelemente aus den unteren Bodenschichten in die Nähe der Pflanzenwurzeln befördern. Ihre wichtigste Eigenschaft ist jedoch die Fähigkeit, abgestorbene organische Substanzen so zu zersetzen, dass die enthaltenen Nährstoffe wieder pflanzenverfügbar werden. Dafür nehmen sie etwa alle 24 Stunden die Hälfte

»Der liebe Gott weiß, wie man fruchtbare Erde macht, und hat sein Geheimnis den Regenwürmern anvertraut.«

Französisches Sprichwort

ihres Eigengewichts als Nahrung auf und scheiden davon einen Großteil als wertvollen Wurmhumus wieder aus, der neben seiner hohen Nährstoffkonzentration besonders viele Ton-Humus-Komplexe enthält.

Die Zahl der Regenwürmer in einem Boden sagt viel über seinen Zustand aus: In 10 m² gesundem Boden leben etwa 2 bis 3 kg Regenwürmer, was ca. 3.000 bis 4.000 Würmern entspricht, die rund 250 kg Erde umsetzen können.

Wenn man vom Regenwurm spricht, ist meistens der Tauwurm *(Lumbricus terrestris)* gemeint.

Durch tiefes Pflügen wird ihr Bestand allerdings stark reduziert, ebenso durch Pestizide. 2015 konnte nachgewiesen werden, dass ihre Aktivität und ihre Fortpflanzungsrate durch das Unkrautvernichtungsmittel Glyphosat erheblich nachlässt. In ausgelaugten oder belasteten Böden findet man sie deshalb nur noch vereinzelt oder gar nicht mehr.

- Der beste Weg, Regenwürmer anzulocken, ist möglichst naturnahes Gärtnern ohne große Eingriffe in die Natur, das heißt schonende Bodenbearbeitung, Gründüngung und Mulchen. Auch durch das Einbringen von Schwarzerde in den Boden nimmt die Zahl der Regenwürmer bald wieder deutlich zu.

Die unterirdische Kuh

In einer Handvoll fruchtbarer Erde leben mehr Mikroorganismen als Menschen auf unserem Planeten – pro Hektar sind es etwa 15 Tonnen, was dem Gewicht von 20 bis 30 Kühen entspricht. In einem 500 m² großen Garten lebt also mindestens eine »unterirdische Kuh«, die abgestorbene Biomasse in Humus umwandelt.

Mykorrhiza: Gemeinschaft von Pilz und Wurzel

Mykorrhiza [griechisch mykes = Pilz, rhiza = Wurzel] bezeichnet die Symbiose von Bodenpilzen und Pflanzenwurzeln, die bei etwa 80 bis 90 Prozent aller Pflanzen auftritt. Dabei besiedeln Bodenpilze mit ihrem Mycel, einem dichten Geflecht aus feinsten Pilzfäden [Hyphen], die Pflanzenwurzeln, von deren Glukoseausscheidungen sie profitieren. Im Gegenzug vergrößern sie mit ihrem weit verzweigten Netzwerk die Reichweite der Pflanzenwurzeln, verbessern so deren Versorgung mit Wasser und Nährstoffen und stärken »ganz nebenbei« das Immunsystem der Pflanzen.

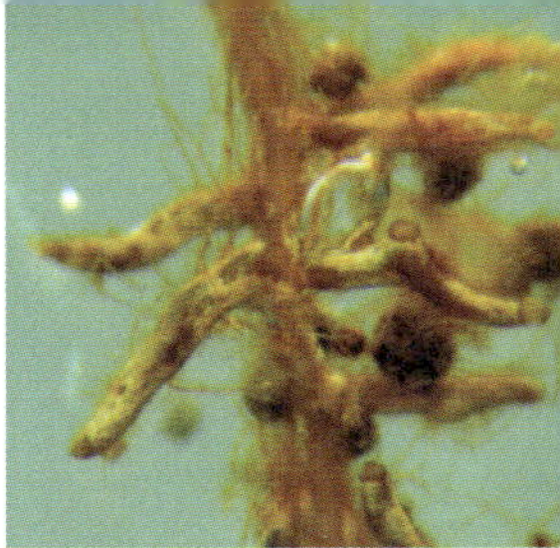

Die Pflanzenwurzeln kommunizieren eng mit den Pilzen – beide ergänzen einander in ihren Bedürfnissen perfekt.

- Wird Schwarzerde bzw. Pflanzenkohle in den Boden eingebracht, werden ihre Poren mit Vorliebe von Mykorrhizen besiedelt, deren Menge dadurch stark zunimmt. 2015 konnte in einem Versuch mit Bohnen und Pflanzenkohle eine Zunahme der Mykorrhizen um 360 Prozent festgestellt werden, wobei es zu einem enormen Zuwachs an Biomasse kam. Dieser Anstieg wurde unter anderem mit der besonderen Fähigkeit der Mykorrhizen erklärt, Phosphor aus den Poren der Pflanzenkohle zu extrahieren und pflanzenverfügbar zu machen.

Was ist Humus?

Humus ist die Gesamtheit der weitgehend stabilen organischen Verbindungen im Boden. Er entsteht durch den Ab- und Umbau von organischer Substanz (Pflanzenreste, tote Bodenlebewesen). Der Humusaufbau verläuft in mehreren Schritten:

1. Zerkleinerung des organischen Materials durch größere Bodentiere.
2. Weitere Zersetzung des Materials mithilfe von Mikroorganismen.
3. Umwandlung dieser Stoffe durch andere Mikroorganismen in leicht abbaubaren Nährhumus, wobei dieser Schritt nur bei guten Bodenbedingungen gelingt.
4. Aus einem Überschuss an Nährhumus bilden sich sehr stabile, komplexe Verbindungen, die man Dauerhumus nennt.

Dieser Dauerhumus, der oft über 90 Prozent der Gesamthumusmenge ausmacht, kann über Jahrhunderte im Boden bleiben, bei Nährstoffmangel aber auch wieder zu Nährhumus zurückverwandelt werden. Seine großen Partikel mit vielen Ton-Humus-Komplexen sorgen für die Krümelstruktur des Oberbodens.

Bei ungünstigen Bodenverhältnissen, etwa bei schwach ausgebildetem Bodenleben oder einem zu engen C/N-Verhältnis (Seite 56), gelingt der Humusaufbau schwer, wie langjährige Feldversuche in der »Ökoregion Kaindorf« zeigen. Erst ab einem Humusanteil von über fünf Prozent kann sich die Humusschicht selbst erhalten. Ihre Speicherkapazität ist dann so groß, dass erhebliche Mengen Stickstoff (bis zu 500 kg/ha) zusätzlich aus der Luft aufgenommen werden können.

Die Humus-Balance

Nährstoffe liegen im Boden meist in einem fragilen Gleichgewicht vor: Ein Teil ist relativ stabil gespeichert (Dauerhumus), aber gerade deshalb kaum pflanzenverfügbar. Der andere Teil ist mineralisiert und verfügbar, kann jedoch ausgewaschen oder ausgegast werden. Je reicher und aktiver das Bodenleben ist, desto besser gelingt die Steuerung dieses Gleichgewichts im Einklang mit den Nährstoffbedürfnissen der Mikroorganismen und Pflanzen.

- In Terra-Preta-Böden ist diese Balance besonders ausgewogen, weil Humusaufbau und Nährstoffversorgung gleich gut funktionieren. Dadurch entsteht ein lebendiges, selbsterhaltendes System.

Kationenaustauschkapazität (KAK): Bodenspeicher für Nährstoffe

Die KAK ist eine der wichtigsten Bodenkennzahlen und bezeichnet die Fähigkeit des Bodens, die positiv geladenen Nährstoffe (Kationen) vorübergehend zu speichern, sodass sie den Pflanzen bei Bedarf zur Verfügung stehen und dem Boden nicht verloren gehen. Eine hohe KAK fördert außerdem die Vermehrung der Bodenlebewesen. Je saurer ein Boden ist, desto geringer ist auch die KAK.

- In Terra-Preta-Böden ist sie besonders groß, was auf die negativ geladene Oberfläche der Pflanzenkohle zurückzuführen ist, an die die Kationen besonders leicht andocken können.

Wurzelvergleich beim Lauch: links in normalem Gartenboden, rechts in einem Beet mit Schwarzerde gewachsen. Auch oberirdisch ist der Größenunterschied deutlich.

Mineralisierung: Ernährung der Pflanzen

Als Mineralisierung wird der Ab- und Umbau von komplexen organischen Verbindungen im Boden zu einfacheren anorganischen Stoffen bezeichnet. Diese Arbeit leisten hauptsächlich Mikroorganismen, die sich dadurch sowohl Kohlenstoff als Energiequelle als auch Stickstoff und weitere Elemente zum Zellaufbau erschließen. Aber auch die Pflanzen profitieren davon, weil sie ihre Nährstoffe ebenfalls nur in anorganischer (mineralisierter) Form aufnehmen können. Bodenleben und Pflanzenwuchs sind daher auf diese Vorgänge angewiesen. Wie bereits erwähnt, sind die mineralisierten Stoffe im Boden viel weniger stabil und werden leicht ausgewaschen (z. B. Nitrat) oder ausgegast (z. B. CO_2).

- Pflanzenkohle mit ihren zahlreichen Poren wirkt hier als idealer Zwischenspeicher, wodurch sich Nährstoffverluste stark reduzieren lassen.

Versauerung der Böden

Ein weithin unterschätztes Problem im Garten und in der Landwirtschaft ist die stetig fortschreitende Versauerung der Böden. Sie hat mehrere direkte und indirekte Ursachen, die den meisten Hobbygärtnern unbekannt sind.

Zum einen neigen die Böden in unserer Klimazone auch ohne menschliches Zutun grundsätzlich zur Versauerung, weil bei den reichlichen Niederschlägen vorwiegend basische Ionen ins Grundwasser ausgewaschen werden. Außerdem entziehen die angebauten Pflanzen (vor allem Starkzehrer) den Acker- und Gartenflächen beim Wachstum überwiegend basische Nährstoffe, was den pH-Wert zusätzlich absenkt, besonders bei intensiver Bewirtschaftung bzw. Bepflanzung.

Dazu kommt seit Mitte des 20. Jahrhunderts der Einfluss des »Sauren Regens«, womit das Abregnen von säurebildenden Abgasen aus Industrie und Verkehr gemeint ist, vor allem von Schwefel- und Stickoxiden. Strenge Reglementierungen haben bei uns zumindest die Schwefelbelastung stark verringert, bei den Stickoxiden und generell im globalen Kontext sieht es jedoch nach wie vor schlecht aus.

Weitgehend unbeachtet, aber mindestens ebenso wichtig ist der Zusammenhang zwischen dem weltweiten Humusabbau und der Versauerung. Je mehr Humus verloren geht, desto geringer wird die

Selbstregulierungskraft eines Bodens im Hinblick auf den Eintrag von sauren Substanzen, die sogenannte Pufferwirkung. Darunter versteht man hier chemische Prozesse in der Humusschicht, die die Säurewirkung »abmildern«, sodass der pH-Wert nicht weiter sinkt.

pH-Wert

Der pH-Wert ist ein Maß dafür, wie sauer oder basisch ein Stoff ist. Die pH-Skala reicht von 0 (extrem sauer) bis 14 (extrem basisch) und ist logarithmisch: pH 4 ist 10-mal so sauer wie pH 5 und 100-mal so sauer wie pH 6. Der Neutralpunkt liegt bei 7 (z. B. destilliertes Wasser).

Empfohlene pH-Werte im Boden

Die allgemein üblichen Empfehlungen für bewirtschaftete Flächen in Mitteleuropa liegen bei pH-Werten von 6,0 bis 6,5. Leichte, sandige Böden dürfen etwas darunter liegen, schwere und lehmige Böden etwas darüber. Diese Richtwerte werden allerdings oft zu wenig beachtet, obwohl viele Gartenböden deutlich zu sauer sind, was einige Nachteile mit sich bringt:

Nur wenige Nutzpflanzen wie Tomaten, Kartoffeln oder Kürbis sind so pH-tolerant, dass sie auch bei Werten um 5,5 noch gut wachsen.

- Die Verfügbarkeit der meisten Hauptnährstoffe (Stickstoff, Phosphor, Kalium, Schwefel, Calcium, Magnesium) ist bereits ab einem pH-Wert von unter 6 reduziert, unter 5 ist sie stark beeinträchtigt.
- Bei einem pH-Wert unter 5 verlangsamt sich die Arbeit vieler Organismen im Boden. Auch ihre Vermehrung wird teilweise gehemmt.
- Die Kationenaustauschkapazität (KAK) des Bodens nimmt mit sinkendem pH-Wert stark ab, was sich zusätzlich negativ auf das Wachstum auswirkt.
- In sauren Böden mit pH-Werten unter 6 werden viele toxische Schwermetalle zunehmend leichter von den Pflanzen aufgenommen.
- Je saurer ein Boden ist, desto höher ist der Anteil an »aktiven« Aluminium- und Eisenionen: Aluminium behindert die Zellteilung und das Wurzelwachstum; Eisenionen oxidieren leicht und binden dadurch den wertvollen Phosphor.

Den Boden-pH erhöhen

Die übliche Methode, um den pH-Wert des Bodens anzuheben, ist das Ausbringen von Kalk in größeren Mengen. Kalken ist allerdings nur eine Symptombekämpfung: Durch die Kalkgaben ändert sich wenig an den grundlegenden Bodenverhältnissen, sodass sie oft sogar jährlich wiederholt werden müssen.

- Nachhaltig ist dagegen ein kontinuierlicher Bodenaufbau mit Schwarzerde bzw. aufgeladener Pflanzenkohle, der direkt und indirekt der Versauerung entgegenwirkt: Die basische Pflanzenkohle hebt den Boden-pH unmittelbar (leicht) an. Zudem verfügen Schwarzerde bzw. Pflanzenkohle selbst über eine hohe Kationenaustauschkapazität (KAK) und sorgen für einen zügigen Humusaufbau. Mit steigendem Humusgehalt erhöht sich die KAK des gesamten Bodens und damit die Pufferwirkung gegenüber Säuren.

Rhododendren und Azaleen wachsen wie Heidenelken oder Orchideen nur in saurer Erde.

Durch regelmäßiges Einbringen von Schwarzerde bzw. aufgeladener Pflanzenkohle steigt der pH-Wert des Bodens ohne weitere Maßnahmen allmählich in den empfohlenen Bereich. Als »Starthilfe« bei sehr sauren Böden kann jedoch zusätzlich eine gezielte Einmalgabe von hochwertigem Algenkalk den pH-Wert gleich in die Nähe des Zielbereichs anheben (vorher den Boden-pH prüfen!).

Klimaschutz mit Schwarzerde

Die Konzentration von klimaschädlichen Treibhausgasen wie Kohlendioxid, Methan und Lachgas in unserer Atmosphäre hat seit Beginn der Industrialisierung stark zugenommen – eine Entwicklung, die entscheidend zum aktuellen Klimawandel beiträgt und sich in der zunehmenden Erderwärmung und durch die Häufung von extremen Wetterereignissen zeigt.

Hauptfaktoren der Treibhausgas-Emissionen sind die Verbrennung fossiler Energieträger, Abgase aus Verkehr und Industrie, die Abholzung und Brandrodung von großen Waldflächen sowie die Trockenlegung der Moore (2016 wurden allein in Deutschland ca. 4,6 Millionen m³ Torf abgebaut!).

Aber auch die industrielle Landwirtschaft spielt dabei eine große Rolle: 2015 war sie in Deutschland für 7,4 Prozent der gesamten Emissionen unmittelbar verantwortlich. Damit ist sie zweitgrößter Verursacher der Treibhausgase, wofür vor allem der energieintensive Einsatz von Maschinen, Pestiziden und Kunstdüngern verantwortlich

Nach den Ozeanen ist Humus weltweit der wichtigste Kohlenstoffspeicher; er enthält fast dreimal so viel Kohlenstoff wie alle Lebewesen zusammen.

ist. Außerdem wird durch die Intensivbearbeitung der Böden kontinuierlich Humus abgebaut, der nach den Ozeanen der weltweit wichtigste Kohlenstoffspeicher ist.

Stickstoffdünger bewirken zudem die Emission von Lachgas, das 300-mal klimaschädlicher ist als Kohlendioxid, während durch intensive Tierhaltung und Reisanbau große Mengen Methan freigesetzt werden, welches 25-mal so schädlich ist wie CO_2.

- Für dieses Problem gäbe es eine einfache Lösung: Schwarzerde bzw. vor allem der darin enthaltene CO_2-Speicher Pflanzenkohle! Um Landwirten einen zusätzlichen finanziellen Anreiz für humusaufbauende Maßnahmen zu bieten, könnten sie von staatlicher Stelle geldwerte CO_2-Zertifikate bekommen, wenn sie den Humusgehalt ihrer Böden steigern – ein Modell, das bereits erfolgreich in der österreichischen »Ökoregion Kaindorf« praktiziert wird. Dort erhalten Landwirte aus ganz Österreich 30 Euro für jede Tonne nachweislich im Ackerboden gebundenes CO_2. Diese Zertifikate, die jeder erwerben kann, werden inzwischen auch von Unternehmen wie etwa der Aldi-Tochter Hofer in Österreich gekauft, um damit Emissionen auszugleichen, die innerbetrieblich nicht vermeidbar sind.

Der CO_2-Kreislauf

Eine Pflanze nimmt mittels Photosynthese Kohlendioxid aus der Luft auf und speichert den enthaltenen Kohlenstoff für die Dauer ihrer Existenz. Stirbt die Pflanze, verrottet sie und ihr Kohlenstoff wird zu etwa 99 Prozent in Form von Kohlendioxid wieder freigesetzt, während das restliche Prozent im Boden verbleibt und zum Humusaufbau beiträgt.

- Würde die Pflanze stattdessen verkohlt, blieben etwa 50 Prozent ihres ursprünglichen Kohlenstoffgehalts als Pflanzenkohle erhalten und würden auf diese Weise der Atmosphäre dauerhaft entzogen, da die Kohle für Jahrhunderte bis Jahrtausende stabil im Boden bleibt. Außerdem ermöglicht sie durch ihre humusaufbauende Wirkung die langfristige Speicherung von zusätzlichem Kohlenstoff.

Das größte Einsatz- und damit Speicherpotenzial hat Pflanzenkohle in der Landwirtschaft (Seite 146), allein schon wegen der Größe der Flächen, auf denen die Kohle ausgebracht und in der Folge Humus aufgebaut werden kann. Aber auch jeder Hobbygärtner trägt durch den Einsatz von Pflanzenkohle in seinem Garten dazu bei, der Atmosphäre dauerhaft CO_2 zu entziehen.

Was ist Fotosynthese?

Pflanzen nehmen Kohlendioxid (CO_2), Wasser (H_2O) und Sonnenlicht auf und verwandeln sie in einem komplexen chemischen Prozess in Glukose und Sauerstoff. Diesen Vorgang nennt man Fotosynthese. Er bildet die Grundlage aller höheren Lebensformen.

Etwa 20 Prozent der Fotosyntheseleistung der Pflanzen gehen über deren Wurzeln in den Boden (Wurzelexsudate) und ernähren dort die Mikroorganismen.

Der eigene CO_2-Fußabdruck

Laut einer Statistik von 2014 werden in Deutschland jährlich pro Einwohner 11,5 Tonnen CO_2 emittiert, in Österreich sind es ca. 9 Tonnen, in der Schweiz noch etwas weniger. In den Privathaushalten sind dafür vor allem der Energieverbrauch durch Heizung, Elektrogeräte und die Nutzung von Auto und Flugzeug verantwortlich. Zur Erhaltung der eigenen Klimaneutralität dürfte aber laut deutschem Umweltbundesamt jeder Mensch jährlich nur 2,5 Tonnen CO_2 emittieren.

Um den eigenen CO_2-Fußabdruck zu senken, müssten wir unser Leben stark umstellen, beispielsweise deutlich weniger Fernreisen unternehmen, weniger Auto fahren oder weniger Fleisch essen, oder aber theoretisch so viele Bäume pflanzen, dass sie die überschüssige Menge an CO_2 aufnehmen und speichern.

- Ein weiterer Weg, um zumindest einen Teil der CO_2-Emission zu kompensieren, führt über die Erhöhung des Humusgehalts unserer (Garten-)Böden mittels Schwarzerde: Schon eine Erhöhung um einen Prozentpunkt entspricht einer CO_2-Speicherung von 800 kg pro 100 m².

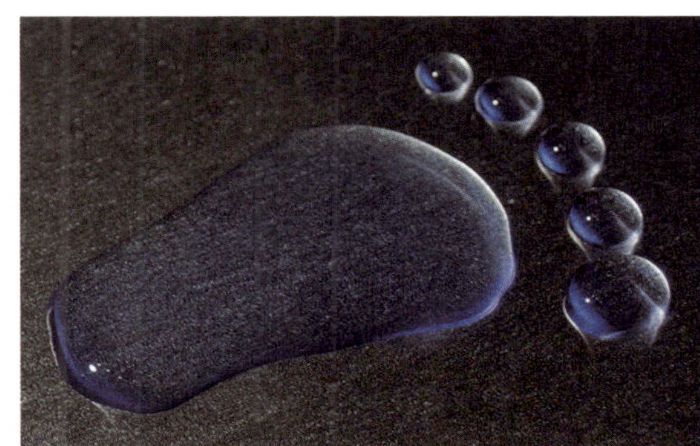

Beim Gärtnern mit Schwarzerde verkleinert man ganz nebenbei auch noch den eigenen CO_2-Fußabdruck.

Die Zutaten

In diesem Kapitel geht es um die Zutaten, mit denen Sie Schwarzerde herstellen können. Wichtigstes Element ist die Pflanzenkohle, die zusammen mit Gesteinsmehl und Effektiven Mikroorganismen die ideale Mischung für ein reiches Bodenleben mit kräftigem Pflanzenwachstum ergibt. Wie diese Stoffe wirken und sich gegenseitig beeinflussen, erfahren Sie auf den nächsten Seiten.

Pflanzenkohle

Pflanzenkohle ist der zentrale Bestandteil der Terra Preta - wie kein anderer Bodenzusatz trägt sie zu einem stabilen Humusaufbau bei. Dank ihrer vielfältigen Eigenschaften reicht ihre Wirkung aber noch erheblich weiter: Vom Klimaschutz über die Abwasserbehandlung bis hin zur Landwirtschaft und Tiergesundheit gibt es zahlreiche Bereiche, in denen sie eingesetzt wird. Herstellung und Qualität der Kohle spielen dabei eine wichtige Rolle.

Was ist Pflanzenkohle?

Pflanzenkohle ist das Produkt einer unvollständigen Verbrennung von Biomasse bei hohen Temperaturen und bei geringer oder ohne Sauerstoffzufuhr; bei einer vollständigen Verbrennung hingegen entsteht Asche. Dieser Verkohlungsprozess wird als Pyrolyse, manchmal auch als Karbonisierung bezeichnet.

Zu Beginn der Pyrolyse verdunstet mit steigenden Temperaturen zunächst die Restfeuchtigkeit, anschließend treten die leicht flüchtigen Bestandteile (Gase) der Biomasse aus. Während diese Gase verbrennen, wird das Ausgangsmaterial karbonisiert, sodass hauptsächlich Kohlenstoff übrig bleibt. Wird die Pyrolyse jetzt nicht beendet, würde die Kohle weiter zu Asche verglühen.

Pflanzenkohle sollte man immer nur »aufgeladen« in den Boden einbringen.

Bei diesem Prozess verbindet sich ein Teil der austretenden Gase zu PAKs (polyzyklische aromatische Kohlenwasserstoffe) und Dioxinen – zwei hochgradig gesundheitsschädliche Stoffgruppen.

Bei Kohle, die im Boden oder in der Landwirtschaft eingesetzt werden soll, muss die Pyrolyse so gesteuert werden, dass diese Schadstoffe vollständig verbrennen, wobei sie in Wasserdampf und CO_2 umgewandelt werden. Eine solche Kohle bezeichnet man als Pflanzenkohle (englisch »Biochar«), um sie einerseits von der oft schadstoffbelasteten Grillkohle abzugrenzen und um andererseits zu verdeutlichen, dass sie nicht nur aus Holz, sondern auch aus fast jedem anderen organischen Material hergestellt werden kann.

Wie wird Pflanzenkohle hergestellt?

Bis weit ins 19. Jahrhundert hinein wurde bei uns in Kohlenmeilern Holzkohle erzeugt, die man früher vor allem für die Eisen- und Stahlherstellung benötigte. Dafür schichteten die Köhler lange Holzscheite auf, meist in Kegelform und häufig in Wassernähe zum späteren Ablöschen der fertigen Holzkohle. Den Kegel deckten sie mit leichtem Material wie Laub, Heu, Gras und Moos ab. Dann wurde der Meiler bis auf einen Schacht in der Mitte mit Erde oder Lehm rundherum luftdicht verschlossen. Der Verkohlungsprozess nahm je nach Größe des Meilers Tage bis Wochen in Anspruch und musste ständig mittels exakter Luftregulierung überwacht werden, damit das Holz verkohlte, aber nicht verbrannte. Die dabei entstehende Wärme konnte damals jedoch noch nicht genutzt werden, und auch die Qualität der Holzkohle entsprach nicht unseren modernen Standards.

Heute wird hochwertige Pflanzenkohle in großem Maßstab industriell produziert. Diese Anlagen arbeiten entweder mit einem Durchlaufverfahren, bei dem die Biomasse kontinuierlich nachgefüllt und verkohlt wird, oder dem Batchverfahren, bei dem die Herstellung in geschlossenen Behältern erfolgt, die nach jedem Pyrolysevorgang neu befüllt werden. Eine weitere Methode sind Holzvergaseranlagen, die zwar vorrangig zur Energiegewinnung dienen, bei denen aber ein geringer Prozentsatz des Ausgangsmaterials als schadstoffarme Pflanzenkohle übrig bleibt.

Ein großer Vorteil dieser industriellen Produktion besteht in der weitgehenden Energieautonomie des Pyrolyseprozesses und der Möglichkeit, die überschüssige Wärme anderweitig zu nutzen. Außerdem wird bei der Herstellung meist streng auf die Einhaltung der Grenzwerte für PAKs, Schwermetalle und andere Giftstoffe geachtet, was sich viele Hersteller durch das EBC-Zertifikat belegen lassen.

Ebenso gute Qualität lässt sich aber auch bei selbst hergestellter Pflanzenkohle erzielen, sofern bestimmte Voraussetzungen beachtet werden [Seite 108].

Eine völlig andere Methode ist die Hydrothermale Karbonisierung [HTC]. Mit ihr wird Hydrokohle hergestellt, die derzeit noch ungeeignet für den Einsatz im Boden ist [siehe Anhang Seite 169].

Das Betreiben eines Kohlenmeilers erforderte viel Erfahrung und ein genaues Abschätzen der jeweils nötigen Luftzufuhr.

Eigenschaften

Durch ihre enorme Oberfläche hat Pflanzenkohle eine sehr hohe Speicherfähigkeit für Wasser und Nährstoffe, außerdem kann sie Schadstoffe aller Art binden (adsorbieren). Dabei spielen die Temperaturen bei der Pyrolyse eine große Rolle:

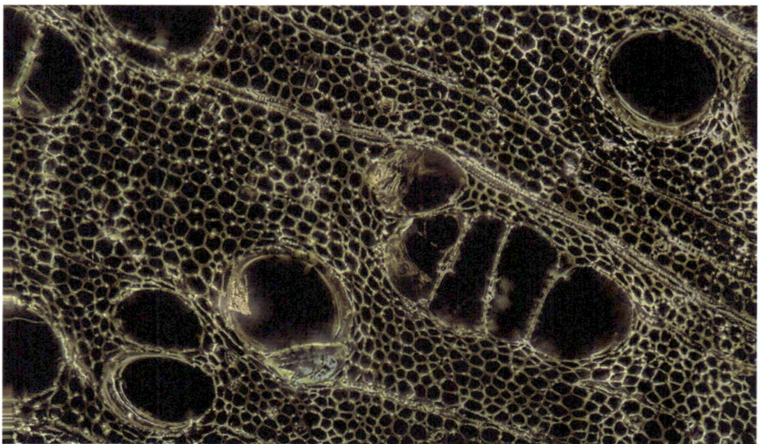

Stark vergrößert ähneln die kleinen und großen Poren der Pflanzenkohle einem Schwamm.

Unter 450° C beträgt die Oberfläche der Pflanzenkohle selten mehr als 150 m²/g, ab 600° C liegt sie meist über 300 m²/g, was für die Anwendung sowohl als Pflanzen- wie auch als Futterkohle (Seite 151) wünschenswert ist.

Je höher die Temperatur ist, desto mehr Wasser kann später in den Poren der Pflanzenkohle gespeichert werden und desto mehr Mikroorganismen können die Poren besiedeln. Mit zunehmender Temperatur steigt außerdem der Anteil an dauerhaft stabilem Kohlenstoff in der Pflanzenkohle sowie der pH-Wert: Bei Temperaturen über 500° C liegt er bei 10 bis 12, das heißt im stark basischen Bereich.

Ebenso nimmt die Kationenaustauschkapazität (KAK, Seite 24) zu sowie das Adsorptionsvermögen – die Fähigkeit, andere Stoffe zu binden, vor allem Nährstoffe, aber auch Medikamentenrückstände, Dioxine, PCB (polychlorierte Biphenyle), Schwermetalle und Pestizide.

Die bei der Pyrolyse entstehenden giftigen PAKs sind bei einer Temperatur von 600° C zuverlässig verbrannt; der gleiche Effekt stellt sich aber auch schon ab 400° C ein, sofern das Material mindestens eine Stunde lang dieser Temperatur ausgesetzt ist.

Die maximale Ausbeute an Pflanzenkohle wird bei etwa 450° C erreicht und nimmt mit weiter steigender Temperatur stetig wieder ab, wobei sich jedoch der Anteil an dauerhaft stabilem Kohlenstoff kontinuierlich erhöht.

Aktivkohle

Von Aktivkohle spricht man ab einer Oberfläche von 1000 m² pro Gramm, die durch eine Behandlung der Kohle mit Wasserdampf und Säuren erzielt wird. Wegen ihrer besonders hohen Adsorptionsfähigkeit wird sie bei Verdauungsproblemen und Vergiftungen von Mensch und Tier, als Aktivkohle-Filter zur Luft- und Wasserreinigung sowie in der Lebensmittelindustrie und als Zusatzstoff in Kosmetika eingesetzt.

Verwitterung der Pflanzenkohle

Ab dem Zeitpunkt der Herstellung unterliegt Pflanzenkohle einem allmählichen Alterungs- bzw. Verwitterungsprozess, in dessen Verlauf die Kohle immer wirksamer wird, das heißt ihre positiven Eigenschaften immer ausgeprägter werden. Dieser Prozess verläuft umso schneller, je mehr äußeren Einflüssen die Pflanzenkohle ausgesetzt ist, wie beispielsweise bei der Kaskadennutzung in der Landwirtschaft [Seite 151].

Der Grund dafür liegt in der Oxidation vor allem der äußeren Oberfläche. Dort entwickelt sich ein Überschuss an negativer Ladung, sodass Kationen wie Kalium, Magnesium und Ammonium noch besser gebunden werden können, was wiederum zu einer erhöhten Kationenaustauschkapazität führt. Außerdem steigt das Wasserspeichervermögen der Pflanzenkohle.

Obwohl echte Langzeitversuche noch fehlen, deuten viele Messungen darauf hin, dass dieser Alterungsprozess mitsamt seinen positiven Effekten auch im Boden weitergeht.

In einem Terra-Preta-Boden wimmelt es nur so von Regenwürmern.

Die Wirkung der Pflanzenkohle im Boden

Pflanzenkohle bleibt Jahrhunderte bis Jahrtausende im Boden stabil, weil sie chemisch kaum mit den anderen Bodenstoffen reagiert, und behält ihre Wirksamkeit über den gesamten Zeitraum bei. Ihre riesige Oberfläche wirkt wie ein Schwamm und kann das Fünffache ihres Gewichts an Wasser sowie erhebliche Mengen an Nährstoffen speichern. Bringt man Kohle pur in den Boden, würde sie die dort vorhandenen Nährstoffe aufsaugen und so den Pflanzen entziehen. Deshalb muss Pflanzenkohle vorher immer mit Nährstoffen »aufgeladen« werden, was z.B. durch Mitkompostieren oder das Vermischen mit flüssigen Naturdüngern wie Gülle und Urin erfolgt (Seite 72).

Unbehandelte Äpfel aus eigener Ernte enthalten sehr viele Vitalstoffe.

- Pflanzenkohle ist mit einem pH-Wert von 9 bis 12 stark basisch und wirkt dadurch der Bodenversauerung entgegen – ein häufiges Problem selbst bei nährstoffreichen Böden (Seite 25).
- Pflanzenkohle fördert die Kationenaustauschkapazität (Seite 24).
- Die großen Poren der Pflanzenkohle sind ein idealer Lebensraum für Mikroorganismen, die sich dadurch stark vermehren können, wobei sich die Zahl der aufbauenden Mikroorganismen erhöht und abbauende zurückgedrängt werden. Das wiederum führt zu einer intensiveren Bodenaktivität. Besonders stark nehmen dabei die Bodenpilze zu, die Nährstoffe aufschließen und pflanzenverfügbar machen (siehe Mykorrhiza, Seite 22).
- Dank der besseren Nährstoffverfügbarkeit, der gesteigerten Aktivität der Mikroorganismen und des höheren Kohlenstoffanteils trägt Pflanzenkohle wesentlich zum Humusaufbau bei. Außerdem schützt sie die Huminsäuren vor dem Zerfall, sodass die Stabilität der aufgebauten Humusschicht erhöht wird (Seite 23).
- Durch den steigenden Humusgehalt wird zusätzlich CO_2 im Boden gespeichert.

- Außerdem erwärmt sich humusreicher Boden aufgrund des aktiveren Bodenlebens und seiner dunkleren Farbe schneller – ein Effekt, der durch die schwarze Pflanzenkohle noch verstärkt wird.

- Pflanzenkohle kann dank ihrer hohen Adsorptionsfähigkeit kontaminierte Böden soweit entgiften, dass sie wieder vital und pflanzenverträglich werden.

Sonstige Anwendungsbereiche
Neben der Verwendung im Garten wird Pflanzenkohle hauptsächlich in der Landwirtschaft verwendet [Seite 149]: als Futtermittelzusatz, in der Einstreu, zur Güllebehandlung oder im Misthaufen – am Ende gelangt sie immer in den Boden.

Darüber hinaus nutzt man Pflanzenkohle zur Dekontaminierung von belasteten Böden, zur Luft- und Wasserreinigung, als Schutz vor Elektrosmog, in Baumaterialien zur Regulierung der Luftfeuchtigkeit und zur Isolierung, in Farbstoffen sowie neuerdings auch in Textilien.

Rechtliche Situation
Hobbygärtner dürfen in ihrem Garten grundsätzlich alles einsetzen, was nicht ausdrücklich verboten ist, das heißt, Pflanzenkohle, Gesteinsmehle und EM sind erlaubt.

Für die konventionelle Landwirtschaft gelten strengere Bestimmungen [siehe Anhang Seite 170]. Informationen zum Einsatz in der biologischen Landwirtschaft finden Sie auf Seite 150.

Pflanzenkohle kaufen

Beim Kauf von Pflanzenkohle ist es sinnvoll, sich vorher zu informieren, ob sie den genannten Qualitätskriterien entspricht. Der Preis für eine erstklassige Kohle mag dann zwar auf den ersten Blick relativ hoch erscheinen, wird aber durch den Wert, den sie dem Boden bringt, mehr als aufgewogen.

Pflanzenkohle mit diesem Siegel kann unbedenklich eingesetzt werden.

Keine gute Alternative ist Grillkohle, die zwar weniger kostet, aber häufig mit Schadstoffen belastet ist. Auf der sicheren Seite sind Sie immer mit zertifizierter Pflanzenkohle; bei vielen Händlern kann man auf Anfrage oder auf der jeweiligen Homepage Einblick in das Datenblatt der aktuellen Analyse nehmen. Nur durch eine regelmäßige Analyse der Pflanzenkohle wird eine konstant gute Produktqualität gesichert, denn durch die stark wärmeisolierenden Eigenschaften von Pflanzenkohle kann es schon innerhalb einzelner Chargen zu großen Schwankungen bei den Schadstoffwerten kommen.

Bei nicht zertifizierter Pflanzenkohle ist es ratsam, sich vorab nach folgenden Qualitätsmerkmalen zu erkundigen:

1. der Einhaltung der Schadstoffgrenzwerte für PAKs, Dioxine und Schwermetalle
2. einer möglichst großen Oberfläche der Pflanzenkohle (bei EBC-zertifizierter Pflanzenkohle sind es mindestens 150 m^2/g)
3. einem möglichst hohen Kohlenstoffanteil (bei EBC-zertifizierter Pflanzenkohle beträgt er mindestens 50 %)
4. der Herkunft des Ausgangsmaterials, denn aus Gründen der Nachhaltigkeit ist regionale Biomasse natürlich am besten. (Bei EBC-zertifizierter Pflanzenkohle darf das Ausgangsmaterial nicht weiter als 80 Kilometer transportiert werden.)
5. der Körnung: Optimal ist der Bereich von 0 bis 10 mm, da größere Kohlestückchen eine verhältnismäßig geringere Oberfläche haben. Weniger geeignet ist auch reines Pflanzenkohlepulver, da es trocken sehr staubt, in feuchtem Zustand dagegen schnell schmierig wird.

Kann oder will der Hersteller keine präzisen Angaben zu diesen Punkten machen, sollte man lieber auf den Kauf verzichten.

Weitere wichtige Informationen zur Beurteilung der Qualität von Pflanzenkohle finden Sie im Anhang auf Seite 170.

Die ideale Korngröße von Pflanzenkohle liegt bei unter 10 mm.

Regionale Stoffkreisläufe in den Gemeinden

Neben der wachsenden Zahl der Hobbygärtner, die Terra Preta für sich entdecken, nimmt auch das Interesse der Bauern an der Pflanzenkohle kontinuierlich zu: Bereits über 80 Prozent der EBC-zertifizierten Pflanzenkohle werden inzwischen in der Landwirtschaft genutzt. Diese steigende Nachfrage führt dazu, dass immer mehr Pyrolyseanlagen auf den Markt kommen, deren Technik zunehmend ausgereift ist. Mit ihnen wird nicht nur energieautonom hochwertige Pflanzenkohle erzeugt, auch die Abwärme kann anderweitig verwendet bzw. vermarktet werden. Dadurch amortisiert sich eine solche Anlage bei guter Auslastung bereits innerhalb einiger Jahre.

Zumindest ein Teil der regelmäßig angelieferten Gartenabfälle könnte in den Gemeinden zum Nutzen aller zu Pflanzenkohle verarbeitet werden.

Die Anschaffung einer Pyrolyseanlage zur Herstellung von hochwertiger Pflanzenkohle könnte deshalb auch vor allem für solche Gemeinden interessant sein, bei denen über einen Wertstoff- und Recyclinghof regelmäßig große Mengen Biomasse kostenlos angeliefert werden. Anstatt sie wie üblich zu kompostieren, könnten die Mitarbeiter stattdessen die Bioabfälle für die Pyrolyse vorbereiten und die Anlage bedienen. Ganz abgesehen von dem enormen Nutzen für die Böden, würde so aktiver Klimaschutz betrieben und ganz nebenbei die häufige und für die Anwohner unangenehme Geruchsbelästigung vermieden. Außerdem könnte so jeder Hobbygärtner regional hergestellte Pflanzenkohle günstig beziehen.

Durch eine Zertifizierung nach EBC würde sich der Anwenderkreis wahrscheinlich schnell vergrößern; zur finanziellen Absicherung könnte außerdem eine Abnahmegarantie durch landwirtschaftliche Betriebe, Großabnehmer oder Händler dienen – ein Modell, das bereits heute mit Erfolg praktiziert wird.

Die Zukunft der Pflanzenkohle

Als Terra Preta in den 1980er-Jahren in den Fokus der Wissenschaft rückte und sich zeigte, dass Pflanzenkohle die tragende Rolle dabei spielt, wurde diese zunehmend zum Gegenstand weltweiter Forschungen – einerseits wegen ihres möglichen Beitrags zur CO_2-Bindung, zum anderen als wirksames Mittel für den Humusaufbau. Dem vermeintlichen Beispiel der fruchtbaren Amazonas-Böden folgend, wurden anfangs allerdings große Anwendungsfehler gemacht, indem z. B. die Kohle pur, also unaufgeladen in die Böden eingebracht wurde. Die daraus resultierenden Ertragseinbußen führten zunächst zu einer Ernüchterung, was zur Folge hatte, dass sich weitere Forschungen verzögerten. Einen zweiten Rückschlag brachte der 2009 einsetzende Preissturz bei den im Kyoto-Protokoll 1997 eingeführten CO_2-Zertifikaten, über die sich mögliche Investoren einen Zusatzprofit bei der Vermarktung der Pflanzenkohle erhofft hatten. Im gleichen Jahr wandten sich außerdem in einer medienwirksamen Petition rund 150 Umweltverbände aus zahlreichen Ländern gegen die Aufnahme der Pflanzenkohle in die Verhandlungen zum Klimaschutz, mit der Begründung, dass Agro-Konzerne intakte Wälder zur Herstellung von Pflanzenkohle abholzen könnten, nur um damit CO_2-Prämien zu kassieren. Diesen Vorwurf hat man inzwischen dadurch entkräftet, dass ausschließlich regionale Biomasse zur Verkohlung genutzt werden soll, die sonst nicht verwertet würde.

Das Ergebnis einer gelungenen Pyrolyse.

In den letzten Jahren wird Pflanzenkohle zunehmend differenzierter erforscht, da sich mehr und mehr Anwendungsbereiche für Kohlen mit unterschiedlichen Eigenschaften zeigen. Auch die wissenschaftlichen Versuche werden immer praxisorientierter. Dazu gehören vor allem Feldversuche, bei denen Pflanzenkohle zusammen mit Biomasse kompostiert wird, ebenso verschiedene Möglichkeiten, Pflanzenkohle noch effektiver einzusetzen, z. B. bei der Kaskadennutzung (Seite 151).

Ein zweites Forschungsgebiet ist die Weiterentwicklung der Pyrolyse-Technologien mit der Aussicht, Pflanzenkohle in absehbarer Zeit noch effizienter und damit deutlich günstiger herstellen zu können.

Die Rolle der Effektiven Mikroorganismen

Mikroorganismen sind seit Milliarden von Jahren in allen Bereichen des Lebens zu finden – ohne sie könnte kein höher entwickelter Organismus existieren, egal, ob Mensch, Tier oder Pflanze. Dabei unterscheidet man im Wesentlichen zwischen den aufbauenden und den abbauenden Mikroorganismen.

Zu den aufbauenden Mikroorganismen gehören die Effektiven Mikroorganismen (EM). Ihr weltweiter Siegeszug begann Anfang der 1980er-Jahre in Japan, als Prof. Teruo Higa aus Okinawa eher zufällig auf die erstaunliche Wirkung einer Mischung aus bestimmten Bakteriengruppen stieß, die besonders gut in der Lage ist, abbauende Stoffwechselprozesse zu hemmen und in aufbauende zu verwandeln. Diese Kombination aus etwa 80 Gruppen von Mikroorganismen wurde zunächst sehr erfolgreich als Bodenhilfsstoff eingesetzt. Bald zeigte sich aber, dass die EM noch viel mehr leisten können, und im Lauf der Zeit eröffneten sich immer neue Anwendungsbereiche. Inzwischen sind die Effektiven Mikroorganismen weithin bekannt und werden heute neben Garten- und Haushaltsanwendungen zu unterschiedlichsten Zwecken genutzt.

Hier wurden die EM mit Zuckerrohrmelasse aktiviert, daher die dunkelbraune Farbe. Mit Honig, Reis- oder Gerstenmalzsirup wird die Flüssigkeit hell.

Im Handel werden EM in aktivierter (vermehrter) Form als EM-a bzw. EM aktiv oder als noch nicht aktivierte EM-Urlösung angeboten. Aus Kostengründen verwendet man jedoch meist aktivierte EM, die genauso wirksam sind. Mindestens ebenso gut geeignet sind aber auch lokale Mikroorganismen.

Die Wirkung der Mikrobiologie

Effektive Mikroorganismen sind im Wesentlichen eine Mischung aus drei Gruppen von Kleinstlebewesen: Milchsäurebakterien, Fotosynthesebakterien und Hefen, die in Symbiose miteinander leben, das heißt sich gegenseitig bei ihren unterschiedlichen Aufgaben helfen und ergänzen.

In ihrer Gesamtheit hemmen sie abbauende Prozesse wie Fäulnis oder Oxidation und unterstützen gleichzeitig regenerative Umbau- und Aufbauvorgänge. Bekannte Beispiele sind neben Sauerkraut vor allem Joghurt, Sauerteig, Kefir, Kimchi, Sojasauce oder Miso, denen allen das gleiche Prinzip der Milchsäuregärung zugrunde liegt. Die EM sind außerdem in der Lage, Vitamine, Enzyme, Antioxidantien, Proteine und sogar Antibiotika »herzustellen«. So enthält z. B. Sauerkraut wesentlich mehr Vitamin C als der frische Weißkohl. Darüber hinaus können sie Giftstoffe und Freie Radikale abbauen und helfen bei der Beseitigung von Krankheitskeimen.

Damit sie arbeiten können, brauchen die Effektiven Mikroorganismen Temperaturen zwischen 5 und 40° C; unter 5° C werden sie inaktiv und gehen in eine Art Winterschlaf, bei zu hohen Temperaturen werden sie zerstört (mehr dazu im Anhang auf Seite 172).

Fermentation mit EM

Die Effektiven Mikroorganismen eignen sich außerdem hervorragend zum Fermentieren von organischen Abfällen im Garten oder Haus. Der Vorteil dieser Methode besteht darin, dass beim herkömmlichen Kompostieren hauptsächlich oxidative Abbauprozesse stattfinden, bei denen mehr als die Hälfte des organischen Materials und damit viele wertvolle Nährstoffe verloren gehen. Beim Fermentieren sind die Verluste wesentlich geringer. Das liegt zum einen daran, dass vor allem die Milchsäurebakterien die Abfälle zu stabileren Verbindungen umbauen, und zum anderen daran, dass dieser Umbauprozess im Vergleich zum Kompostieren bei wesentlich niedrigeren Temperaturen abläuft. Trotzdem ist die Hygienisierung durch die Aktivität der EM ebenso effektiv wie beim Kompostieren.

Die Bokashi-Methode (japanisch Bokashi = »Allerlei«) folgt dem gleichen Prinzip. Sie bietet eine einfache Möglichkeit, die täglichen Küchenabfälle im Haus, unabhängig von Wetter und Jahreszeit, zu fermentieren und später für die Pflanzen zu nutzen.

Die Methode der Fermentierung ist außerdem einfach anzuwenden und gelingt zuverlässiger als die oft schwierige Führung eines Komposts. Vermischt man das Ausgangsmaterial zusätzlich zu den EM noch mit Pflanzenkohle und Gesteinsmehl, entsteht beim Vererdungsprozess Schwarzerde.

Beim Fermentieren der Küchenabfälle im Bokashi-Eimer spielen EM die wichtigste Rolle.

Das Dominanzprinzip

Die positiven Wirkungen werden durch das Dominanzprinzip noch verstärkt: 90 Prozent der Mikroorganismen sind neutrale »Mitläufer«, die sich dem jeweils vorherrschenden Milieu anschließen. Wird dieses von den aufbauenden Mikroorganismen dominiert, unterstützen die »Neutralen« sie in ihrer Wirkung. Umgekehrt bestimmen dort, wo Fäulnis herrscht, die abbauenden Mikroorganismen das Geschehen, und die »Neutralen« schließen sich ihnen an.

Die große Gruppe der »opportunistischen« neutralen Bakterien (grau) richtet sich in Gemeinschaft immer nach der jeweils dominanten Bakteriengruppe, egal, ob diese abbauend (rot) oder aufbauend (grün) wirkt, und unterstützt sie.

Effektive Mikroorganismen für Boden, Pflanzen und Wasser

Das breite Wirkungsspektrum der EM reicht von Anwendungen für Pflanze, Mensch und Tier (Seite 124) bis hin zum Einsatz im Haushalt (Seite 126), bei der Wasseraufbereitung oder in Baumaterialien und Farben.

Im Boden sorgt die aufbauende Wirkung der EM dafür, dass organisches Material zu Humus umgebaut wird, anstatt in Fäulnis überzugehen. Pflanzen in mit EM behandelten Böden sind grundsätzlich stabiler:

Sie bilden mehr Kapillarwurzeln aus, sind weniger krankheits- und schädlingsanfällig, tolerieren auch längere Regen- oder Trockenperioden und enthalten mehr Vitamine und Biovitalstoffe. Durch das Gießen bzw. Besprühen mit EM werden die Pflanzen noch zusätzlich gestärkt.

Wegen des wesentlich aktiveren Bodenlebens erwärmt sich der Boden im Frühjahr außerdem schneller, sodass man früher mit dem Pflanzen und Säen beginnen kann. In Kombination mit Pflanzenkohle und Gesteinsmehl lässt sich die Wirkung der EM sogar noch steigern, weil deren Poren ideale Lebensräume für Mikroorganismen bieten.

Gemüse und Blumen profitieren gleichermaßen von einer regelmäßigen Dusche mit EM.

Ihren guten Ruf verdanken die Effektiven Mikroorganismen nicht zuletzt ihrem Erfolg bei der Sanierung von stehenden Gewässern.

Sehr erfolgreich werden EM auch bei der Teichsanierung verwendet, wobei sie den Abbau von Sedimenten (Ablagerungen) und Faulschlamm fördern und damit die Wasserqualität verbessern. Selbst schwere Veralgungen können mit EM vollständig beseitigt werden.

Effektive Mikroorganismen in der Landwirtschaft

Eine wichtige Rolle spielen EM inzwischen in der Landwirtschaft. Als Zusatz in der Gülle (Seite 153) tragen sie zusammen mit Gesteinsmehl (und häufig auch Pflanzenkohle) zu einer erheblichen Verbesserung des mikrobiellen Milieus bei. Dadurch wird Fäulnis vermieden, was dem Boden und damit den Pflanzen und Tieren zugute kommt. Auch das regelmäßige Versprühen von EM im Stall (Vernebeln) trägt wesentlich zur Tiergesundheit bei (Seite 153).

Eine weitere Einsatzmöglichkeit bieten EM als bewährte Silierhilfe, da sie die Fermentation der Silage unterstützen und damit mögliche Fäulnisprozesse oder Schimmelbildung von vornherein unterbinden.

Effektive Mikroorganismen für Bienen

Manche Imker setzen EM inzwischen sehr erfolgreich bei ihren Bienen ein:

- stark verdünnt in der Zuckerwasserlösung zum Füttern
- etwas konzentrierter oder sogar unverdünnt zum Besprühen des Bienenstocks und der Waben
- indirekt im Gießwasser der Pflanzen in der Umgebung der Bienenstöcke

Die bisherigen Erfahrungen sind durchgehend positiv. Das Immunsystem und die Vitalität der Bienenvölker verbessern sich und die Bienen werden resistenter gegen Krankheiten (Faulbrut) und Schädlinge (Varroa-Milbe). Zudem ist eine stärkere Vermehrung zu beobachten.

Einige Hersteller bieten spezielle Präparate für den Einsatz bei Bienen an, es werden aber auch gute Ergebnisse mit den gängigen aktivierten EM erzielt.

Erfahrungen mit EM bei Bienen sind bisher durchgehend positiv.

Haltbarkeit von EM

Generell wird die Haltbarkeit von ungeöffneten aktivierten EM mit einem Jahr angegeben. Viele Erfahrungen zeigen aber, dass sowohl die Urlösung als auch aktivierte EM mehrere Jahre uneingeschränkt wirksam sein können, sofern sie gut verschlossen an einem dunklen, nicht zu warmen oder kalten Platz stehen.

Die Kraft der Gesteinsmehle

Gesteinsmehle im Boden fördern die Bildung von Ton-Humus-Komplexen.

Gesteinsmehle aus Diabas, Basalt oder Zeolith (Klinoptilolith) sind ein weiteres wichtiges Element der Terra Preta und übernehmen bei der heutigen Herstellung von Schwarzerde quasi die Funktion der indianischen Tonscherben. Als feinst vermahlenes Gestein vulkanischen Ursprungs sind Gesteinsmehle hell- bis dunkelgrau und werden in Körnungen von bis zu 2 mm verwendet. Zwei ihrer Eigenschaften haben sie mit der Pflanzenkohle gemeinsam, deren Wirkung dadurch noch verstärkt wird: Die große Oberfläche der Gesteinsmehle wird ebenfalls von unzähligen Mikroorganismen besiedelt und bindet Schad- und Giftstoffe, wobei Zeolith den größten Effekt erzielt.

Darüber hinaus erfüllen Gesteinsmehle wichtige Funktionen im Boden: Neben ihrem hohen Anteil an Silizium (Kieselsäure), das das Pflanzengewebe kräftigt, enthalten sie mehr als 30 verschiedene Mineralstoffe und Spurenelemente, die das Pflanzenwachstum steuern, unter anderem Eisen, Kupfer, Selen, Bor, Nickel, Zink, Kobalt und Molybdän. Das gilt umso mehr für Böden, die durch einseitige NPK-Düngung ausgelaugt sind. Gesteinsmehle sind jedoch kein Dünger, das heißt, sie enthalten nur wenig Nährstoffe und eine Überdosierung ist praktisch unmöglich.

Ein weiterer großer Pluspunkt der Gesteinsmehle ist, dass sie zur Bildung von Ton-Humus-Komplexen beitragen, an die sich die zarten Kapillarwurzeln der Pflanzen mit Vorliebe andocken. Dadurch werden die Nährstoffe im Boden optimal verfügbar. Gleichzeitig wird damit das Wachstum der Wurzeln angeregt, sodass die Pflanzen insgesamt gestärkt und damit widerstandsfähiger gegenüber Schädlingen und Krankheiten werden – vor allem gegen Pilzinfektionen wie z. B. Mehltau. Die Ton-Humus-Komplexe bilden außerdem eine Vorstufe für den weiteren Humusaufbau und fördern die Stabilität und feinkrümelige Struktur des Bodens.

Mit Schwarzerde den eigenen Stoffkreislauf schließen

Mit dem Wissen um die Abläufe im Boden und die Wirkungen der »Zutaten« sind jetzt alle erforderlichen Zusammenhänge bekannt, um selbst hochwertige Schwarzerde herstellen zu können. Nur eine wichtige Zutat fehlt noch: Ihre organischen Abfälle aus Garten und Küche. Damit erschaffen Sie ohne großen Aufwand nicht nur einen lebendigen Terra-Preta-Boden, sondern verwerten auch die Nährstoffe der Abfälle, die sonst meist ungenutzt in der Biotonne landen. In dieser Erde wachsen dann Gemüse und Kräuter genauso gut wie Blumen, Sträucher oder Bäume – und das alles ohne Chemie, dafür aber mit CO_2-Klimaschutz.

Auf diese Weise entsteht ein kontinuierlicher Kreislauf, indem wir einen Teil der dem Boden entnommenen Stoffe wieder an ihn zurückgeben. Je konsequenter wir diesen Kreislauf für uns nutzen, desto mehr nähern wir uns auch der Natur wieder an und davon profitieren letztlich wir alle: Mensch, Tier und Pflanze.

Der Kreislauf anhand des Beispiels eines Stapelkomposts beginnt bei den organischen Abfällen: Zusammen mit Pflanzenkohle, Gesteinsmehl und EM verwandeln sie sich in Schwarzerde, die als Nährstoffquelle den Pflanzen dient. Deren Reste liefern wiederum das Ausgangsmaterial für den nächsten Kreislauf.

Schwarzerde selbst herstellen

Schwarzerde selbst herzustellen ist sehr einfach, auch für Gartenanfänger, die noch keine Erfahrungen mit dem Kompostieren oder Terra Preta haben. In diesem Kapitel stellen wir verschiedene Herstellungsmöglichkeiten für Garten, Balkon und Haus vor und zeigen Schritt für Schritt, wie Sie Ihre eigenen Garten- und Küchenabfälle in Schwarzerde umwandeln können.

Reste der Starter-Mischung kann man zugedeckt an einem schattigen, trockenen Platz aufbewahren.

Die Starter-Mischung

Die Grundlage von Schwarzerde bildet immer die Pflanzenkohle, dazu kommen Gesteinsmehl und EM-a. Sie können diese Zutaten jeweils einzeln bei der Herstellung zufügen, sparen sich aber Zeit und Arbeit, wenn Sie vorher alles in einem großen Eimer oder in einer Schubkarre mischen. Bei der Mischung hat sich ein bestimmtes Verhältnis bewährt:

- 9 Liter Pflanzenkohle [Seite 32]
- 2 kg Gesteinsmehl [Diabas] [Seite 46]
- 1 Liter EM-a [Seite 41]

= **ca. 10 Liter Starter-Mischung**

Nach Belieben können Sie dieser Mischung noch 20 g EM-Keramikpulver [Seite 172] sowie 300 g fein gemahlenes Zeolith zugeben. Dank seiner großen Oberfläche fördert Zeolith die Kationenaustauschkapazität [KAK] sowie die Bildung von Ton-Humus-Komplexen und bindet Giftstoffe im Boden.

Das richtige Mischungsverhältnis

Für Schwarzerde beträgt das optimale Verhältnis von verdichtetem organischen Material zur Starter-Mischung 10 : 1.
Bei 100 Liter organischem Material brauchen Sie also etwa 10 Liter Starter-Mischung.

Schwarzerde mit dem Stapelkompost

Im Garten haben wir die besten Erfahrungen mit Stapelkompost gemacht, der sich ideal für die Verwertung des gesamten organischen Abfalls eignet, der während eines Gartenjahrs in der Regel anfällt. Er entspricht dem Bokashi-Prinzip [Seite 73] und verläuft in zwei Phasen: Zuerst werden die Abfälle mit Hilfe von Effektiven Mikroorganismen [EM] unter Luftabschluss [anaerob] fermentiert und anschließend unter Luftzufuhr [aerob] vererdet.

Dafür verteilt man die organischen Materialien abwechselnd schichtweise in einer Kompostmiete. Dazwischen wird lagenweise die

Ein Stapelkompost, der im Sommer aufgesetzt wird, ist im nächsten Frühjahr zu hochwertiger Schwarzerde geworden.

Starter-Mischung gestreut. Die Schichten werden dabei jeweils gut angefeuchtet und gründlich verdichtet, damit während der Fermentationsphase möglichst wenig Luft im Stapelkompost bleibt. Schließlich wird die gesamte Miete in eine stabile Plane eingepackt. Jetzt lässt man das Material für sechs bis acht Wochen fermentieren, entfernt die Plane wieder und in weiteren vier bis acht Monaten entsteht eine fein krümelige und nach Waldboden duftende Schwarzerde.

Warum Fermentation?

Die Methode der Fermentation mit anschließender Vererdung hat sich über die Jahre sehr bewährt und bietet Hobbygärtnern aus mehreren Gründen Vorteile:

Zeitersparnis: Ein Stapelkompost erfordert weniger Zeitaufwand als ein traditioneller Kompost. Beim Stapelkompost wird das gesamte organische Material auf einmal aufgesetzt, sodass bei richtiger Zusammensetzung und Technik alles gleichzeitig vererdet. Bei einem herkömmlichen Kompost hingegen werden die frischen Garten- und Küchenabfälle ständig von oben nachgefüllt und es vererden immer nur die untersten Schichten vollständig. Diese lassen sich dann je

nach Kompostiersystem mitunter nur mühsam entnehmen.
Ein üblicher Kompost muss darüber hinaus regelmäßig hinsichtlich Feuchtigkeit und Luftzufuhr überwacht werden, damit die Rotte richtig verläuft – ein Aufwand, der beim Stapelkompost weitgehend entfällt.

Fäulnisvermeidung: Ein häufiges Problem beim üblichen Kompostieren sind unerwünschte Fäulnisprozesse, die schnell entstehen, wenn feuchte organische Abfälle (z. B. frischer Rasenschnitt) nicht im richtigen Verhältnis mit trockenen Anteilen (z. B. Strauchschnitt) gemischt werden. Durch die anaerobe Fermentationsphase wird jegliche Fäulnis von vornherein verhindert.

Hygienisierung: Beim herkömmlichen Kompost entstehen während der heißen Rottephase Temperaturen von über 60° C, durch die Krankheitskeime und Wildkräutersamen abgetötet werden – allerdings nur in einem Kompost mit mindestens 1 m³ Volumen und bei gleichzeitigem Aufsetzen des Materials, sodass er entsprechend groß angelegt werden muss, wenn man diesen Effekt erreichen will. Durch die Fermentation werden beim Stapelkompost auch bei geringerem Volumen und trotz niedriger Temperatur Krankheitskeime, Pestizide, aber auch Medikamentenrückstände wie Antibiotika oder Hormone abgebaut, und Wildkräutersamen werden weitgehend abgetötet.

Schnecken legen ihre Eier an feuchten dunklen Plätzen ab. In manchen Kompostmieten finden sie dafür ideale Bedingungen.

Vermeidung von schlechten Gerüchen und unerwünschten Besuchern: Durch Fermentation entstehen im Gegensatz zum traditionellen Kompost nie schlechte Gerüche, da mögliche Fäulnisprozesse von vornherein unterbunden werden.
Fäulnis zieht außerdem Nacktschnecken an, weshalb ein nicht gut geführter herkömmlicher Kompost oft mit Schnecken und deren Eiern verseucht ist, die dann mit der Komposterde ins Beet gelangen. Dieses Problem lässt sich durch Fermentation weitgehend verhindern.

Vermeidung von Nährstoffverlusten und Treibhausgasen: Durch die starke Hitzeentwicklung in einem herkömmlichen Kompost gehen viele Nährstoffe verloren, die dann als Ammoniak sowie CO_2, Methan und Lachgas in die Atmosphäre gelangen (Seite 27). Durch die Fermentation im Stapelkompost lassen sich sowohl Treibhausgase als auch Nährstoffverluste reduzieren.

Aufbau von Enzymen, Vitaminen und Antioxidantien: Während der Fermentation entstehen wertvolle Stoffe, von denen der Boden und damit die Pflanzen profitieren. Ein gutes Beispiel ist das Sauerkraut, in dem durch die milchsaure Fermentation mehr Vitamin C enthalten ist als im ursprünglichen Weißkohl.

Zutaten und Zubehör für den Stapelkompost

- organisches Material, möglichst eine Mischung aus holzigen und frischen Anteilen (siehe C/N-Verhältnis Seite 56)
- Starter-Mischung
- ausreichend Wasser, am einfachsten ist die Verwendung eines Gartenschlauchs
- ein bis zwei einfache Lattenkomposter aus Holz zum Zusammenstecken; in vielen Baumärkten erhältlich

Alle Zutaten für den Stapelkompost und das erforderliche Zubehör stellt man am besten schon vorher bereit.

- großer Eimer und/oder Schubkarre zum Mischen
- Mistgabel und/oder Spaten zum Einfüllen der Organik
- Gartenhandschuhe und -stiefel
- stabile Abdeckplane; ideal ist eine Plane aus Bändchengewebe oder eine Teichfolie mit einer Stärke von etwa 140 µm, die sich noch gut falten lässt, die Kompostmiete aber trotzdem ausreichend luftdicht verschließt; je nach geplanter Höhe des Stapelkomposts sollte sie eine Größe von mindestens 3 x 3 m bis 4 x 4 m haben
- mehrere schwere Steine (oder Spanngummis) zum sicheren Fixieren der Abdeckplane
- eventuell ein Holzhammer, der beim Zusammenstecken der Latten hilft

Dieses einfache Stecksystem aus Holz ist die kostengünstigste Methode zum Aufsetzen eines Stapelkomposts.

Lattenkomposter

Ein großer Vorteil dieses Stecksystems liegt in seiner variablen Höhe: Sie können die Kompostmiete je nach Menge, die Sie verarbeiten wollen, höher oder niedriger bauen. Beim Aufsetzen des Stapelkomposts fügen Sie die Latten auch erst mit wachsender Höhe des Stapels zu, sodass Sie die Miete beim Befüllen jederzeit bequem von allen Seiten erreichen. Weitere Vorteile sind die gute Belüftung während der Vererdungsphase und das mühelose Entnehmen der fertigen Schwarzerde. In unserem Anwendungsbeispiel (Seite 58) ergeben die 1 m langen Latten der quadratischen Kompostmiete zusammengesteckt eine Nutzfläche von 0,75 m². Bei einer Höhe von 55 cm können also rund 400 Liter organisches Material eingefüllt werden, das nach der Vererdung ungefähr 280 Liter Schwarzerde ergibt (beim Vererdungsprozess entsteht je nach Beschaffenheit des Ausgangsmaterials ein Volumenverlust von etwa einem Drittel).

Welches organische Material kann hinein?

Für den Stapelkompost können Sie fast alle Garten- und Küchenabfälle verwenden:

- frischer Rasenschnitt und Rasen-Bokashi (Seite 77)
- Baum- und Heckenschnitt
- Laub
- Pflanzen- und Erntereste von Beeten, Balkonkästen und Kübeln sowie Garten-Bokashi (Seite 76)
- pflanzliche Küchenabfälle und Küchen-Bokashi (Seite 73)
- Kaffeesatz und Teereste (auch Teebeutel)
- Mist (Kuh, Geflügel, Pferd, Kaninchen / Hase)
- gebrauchtes Kleintierstreu
- Getreidespelzen
- unbedruckte Papierreste / Pappe
- Sägemehl
- Trester
- Schafwolle, Haare

Grober Strauch- oder Baumschnitt sollte vor dem Aufsetzen klein gehäckselt werden. Dünne Ästchen kann man zwar unzerkleinert verwenden, sie vererden allerdings etwas langsamer als feines Material.

Abfallmanagement

Gartenreste fallen selten gleichzeitig an: Heckenschnitt meist nur zweimal pro Jahr, Rasenschnitt im Sommer fast wöchentlich. Holziger Abfall lässt sich zwar für längere Zeit problemlos lagern, nicht aber feuchter Rasenschnitt oder Küchenabfälle, die innerhalb weniger Tage zu faulen beginnen. Wenn man sie nicht auf herkömmliche Weise kompostieren, sondern für einen Stapelkompost sammeln möchte, sind Garten- und Rasen-Bokashi [Seite 77] bzw. Küchen-Bokashi [Seite 73] die beste Lösung: Der schnell verderbliche Abfall wird einfach fermentiert und bleibt dadurch viele Monate lang haltbar.

Angetrocknete Erntereste lassen sich mehrere Wochen lagern (oben).
Als Rasen-Bokashi kann man frischen Rasenschnitt monatelang konservieren (unten).

Langsam verrottendes und grobes Material

Langsam verrottendes Laub von Eiche, Buche und Walnuss oder Äste ab ca. 5 mm Durchmesser sollten vorher klein gehäckselt werden.

Auch dünnere Äste und Zweige sind aufgrund ihrer Struktur meist viel voluminöser als etwa frischer Rasenschnitt oder Küchenabfälle. Sie sollten deshalb ebenfalls möglichst vor dem Aufsetzen zerkleinert oder zumindest beim Einschichten stark verdichtet werden. Dadurch lässt sich einerseits das Verhältnis der einzelnen organischen Materialien für den Stapelkompost besser abschätzen, andererseits wird verhindert, dass zu viel Luft in den Stapelkompost gelangt.

Wenn Sie keinen Häcksler haben, können Sie dieses Material natürlich auch verwenden. In diesem Fall sollten Sie es jedoch nur als dünne Zwischenschicht in den Stapelkompost einbringen und dann besonders gründlich verdichten. Trotzdem wird die Vererdung länger dauern als bei Häckselgut, was der Qualität der Schwarzerde aber in keiner Weise schadet.

Das sollte nicht in den Stapelkompost kommen:

- gesalzene Speisereste
- verschimmelte Speisereste
- verfaulte Pflanzenreste/fauliger Grasschnitt
- Fleischreste und Knochen
- Hunde- und Katzenkot
- mit Schwermetallen belastete Materialien (z. B. lackiertes Holz oder bedrucktes Papier/Pappe)
- Kunststoff und Glas

Das C/N-Verhältnis

Das C/N-Verhältnis bezeichnet das Verhältnis der Anteile von Kohlenstoff (C) und Stickstoff (N) sowohl in der organischen Substanz im Boden als auch in allen organischen Materialien oberhalb des Bodens. Damit die Mikroorganismen diese Materialien so umwandeln (mineralisieren) können, dass die darin enthaltenen Nährstoffe pflanzenverfügbar werden, brauchen sie Kohlenstoff (C) und Stickstoff (N) in einem möglichst ausgewogenen Verhältnis.

Abgeschnittene Haare nicht wegwerfen! Mit ihrem hohen Stickstoffanteil kann man sie gut im Stapelkompost verwerten.

Ist dieses Verhältnis im Kompost sehr »eng« (z. B. 6 : 1 bei Hühnermist), dann ist der Stickstoffanteil im Verhältnis zum Kohlenstoff zu hoch und es fehlt den Mikroorganismen der benötigte Kohlenstoff als Energiequelle zur Umwandlung des Stickstoffs in eine pflanzenverfügbare Form. Bei einem sehr »weiten« C/N-Verhältnis (z. B. 500 : 1 bei Holz) wird der geringe Stickstoffanteil vor allem von den Mikroorganismen verwertet, sodass er später im Boden fehlt.

Das richtige C/N-Verhältnis ist also nicht nur maßgeblich für die Aktivität des Bodenlebens und damit die Fruchtbarkeit eines Bodens, sondern spielt auch beim Kompostieren eine wichtige Rolle. Wird z. B. holziges und grünes Material gemischt (und nach Möglichkeit noch mit etwas Mist angereichert), entsteht ein optimales Verhältnis von etwa 25 : 1 bis 30 : 1, wodurch die Biomasse schnell und effektiv zersetzt wird.

Durch Zugabe von Pflanzenkohle wird der Spielraum größer, weil Stickstoff im Boden durch die Pflanzenkohle gespeichert und nach Bedarf an die Pflanzen abgegeben wird.

Die folgende Übersicht zeigt die Kohlenstoffanteile (C) verschiedener organischer Materialien im Verhältnis zum Stickstoff (N).

Ein Beispiel: In der Rinde von Laubhölzern sind etwa 220 Teile Kohlenstoff im Verhältnis zu einem Teil Stickstoff enthalten (220 : 1). Um den Prozess zu beschleunigen, sollte man deshalb die Rinde mit organischen Materialien mischen, die einen höheren Stickstoffanteil aufweisen, z. B. Rasenschnitt oder Küchenabfälle.

Ausgangsmaterial	C/N-Verhältnis
Apfeltrester	13 : 1
Getreidespelzen	50 – 80 : 1
Haferstroh	60 : 1
Heu	30 : 1
Erntereste	15 – 25 : 1
Haare	2 : 1
Hühnermist	6 – 10 : 1
Kaffeesatz	12 – 20 : 1
Karton/Pappe	400 – 560 : 1
Küchenabfälle	20 – 25 : 1
Laub	30 – 60 : 1
Laub- und Nadelholz	560 – 640 : 1
Papier	200 : 1
Pferdemist	25 – 30 : 1
Rasenschnitt	10 – 18 : 1
Rinde, Laubhölzer	220 : 1
Rinde, Nadelhölzer	550 : 1
Rindermist	19 : 1
Sägemehl, frisch	100-200 : 1
Schafmist	16 : 1
Strauchschnitt	100 – 200 : 1
Unkraut	10 – 20 : 1
Urin	0,8 : 1
Weizenstroh	100 : 1

Rindermist ist dank seines relativ engen C/N-Verhältnisses zusammen mit holzigen Abfällen eine optimale Zutat im Stapelkompost.

Stapelkompost aufsetzen - Schritt für Schritt

Im Folgenden zeigen wir beispielhaft den Aufbau eines Stapelkomposts mit einer Gesamthöhe von 55 cm und einem Volumen von etwa 400 Liter. Die Arbeitszeit betrug etwa eine Stunde (eine Person).

- Es wurden 40 Liter Starter-Mischung benötigt.
- Als organisches Material haben wir verwendet: Rasen-Bokashi (Seite 77), Rinder- und Kleintiermist, Strauchschnitt (Himbeere), Holzhäcksel, Küchen-Bokashi (Seite 73), Grünabfall (Erntereste und Unkraut), Ästchen, Haare.

So wird's gemacht

1. Auf der untersten ersten Schicht aus Rasen-Bokashi wird ein großer Eimer Rindermist verteilt. Darauf kommt Strauchschnitt von Himbeeren, der durch gründliches Festtreten möglichst gut verdichtet wird. Dann folgen Holzhäcksel und ausgiebiges Wässern. Die Höhe des Stapels beträgt nun etwa 15 cm.

2. Anschließend werden gut 10 Liter Starter-Mischung aufgebracht und verteilt. Damit ist der erste Durchgang abgeschlossen.

3. Dieses Vorgehen wiederholt sich ab jetzt dreimal. Dabei wird unterschiedliches organisches Material sowie Küchen-Bokashi verwendet – eine praktische Möglichkeit, es vererden zu lassen.

4. Damit die Fermentation überall gleichmäßig verläuft, muss der Stapel immer gründlich durchfeuchtet sein. Deshalb werden z. B. angetrocknete Erntereste besonders gut gewässert.

5. Alle Schichten werden zwischendurch gut festgetreten. Etwa jede 15 cm kommen auch wieder 10 Liter der Starter-Mischung dazu. Den Abschluss bilden die letzte Portion Starter-Mischung und noch einmal gründliches Gießen.

6. Jetzt wird der Stapelkompost nur noch mit der Plane rundum gut eingepackt. Damit sie direkt aufliegt, kann man je nach Füllhöhe eventuell die obersten zwei oder vier Latten wieder abnehmen. Die eingeschlagenen Enden der Plane mit Steinen beschweren – fertig!

7. Nach sechs bis acht Wochen Fermentation wird der Stapelkompost wieder aufgedeckt. Der Stapel sollte angenehm riechen und keine Anzeichen für Fäulnis zeigen. Manchmal hat sich in der Zwischenzeit ein feines weißes (Hefe-)Pilzgeflecht auf der Oberfläche gebildet – ein Zeichen für die gelungene Fermentation.

Ab jetzt wird nur noch die Oberseite des Stapels abgedeckt, um die Organik vor starkem Wind und Auswaschung zu schützen. Wer möchte, kann den Stapel nach dem Aufdecken einmal umsetzen, damit die Luft auch ins Innere gelangt, wodurch sich die Vererdung beschleunigt.

Je nach Außentemperatur und Feinheit des Materials ist die Schwarzerde nach weiteren vier bis acht Monaten fertig. Während langer Trockenperioden sollten Sie den Stapelkompost ab und zu auf fehlende Feuchtigkeit kontrollieren und gegebenenfalls wässern. Nach der Vererdung erkennt man einen gelungenen Stapelkompost an seinem aromatischen Geruch, der an Waldboden erinnert, und seiner fein krümeligen Konsistenz.

Häufige Fragen und Antworten zum Stapelkompost

Wo sollte der Stapelkompost stehen?
Am besten an einem halbschattigen bis schattigen Standort, z. B. unter einem Baum, dessen Wurzeln dadurch gleichzeitig vom Stapelkompost profitieren. Natürlich ist auch ein sonniger Platz möglich, dann muss aber nach dem Aufdecken regelmäßig auf ausreichende Feuchtigkeit geachtet und gegebenenfalls gegossen werden.

Muss der Stapelkompost auf der Erde stehen?
Optimal ist natürlich ein Standplatz mit Bodenkontakt, sodass die Würmer und andere Kleinlebewesen aus dem Boden beim Zersetzen helfen können. Gute Schwarzerde entsteht aber auch, wenn die Miete auf Beton oder Stein steht.

Müssen die verschiedenen organischen Materialien vor dem Aufsetzen gemischt werden?
Nein. Selbst wenn Sie den Stapel nach der Fermentation nicht umsetzen, vermischen sich die einzelnen Schichten während des Vererdungsprozesses durch die Arbeit der Würmer und der anderen Kleinstlebewesen.

Kleiner als dieses Exemplar sollte ein Stapelkompost nicht sein.

Wie viel Mindestmenge muss man pro Stapelkompost aufsetzen?
200 Liter organisches Material sollten es schon sein. Bei geringeren Mengen empfiehlt sich Garten-Bokashi [Seite 76] oder Flächenkompostierung [Seite 71].

Kann man auch Steinobstkerne oder Nussschalen bzw. Eierschalen verwenden?
Harte Obst- und Avocadokerne oder Nussschalen vererden erst nach vielen Jahren. Eierschalen sollten vor dem Einbringen gründlich zerkleinert werden.

Wird ein Stapelkompost ohne Mist qualitativ genauso gut?
Natürlich kann man auch einen »vegetarischen« [Stapel-]Kompost aufsetzen. Allerdings sollte man dann auf genügend stickstoffreiches Material achten wie Grünschnitt, Wildkräuter oder Küchenabfälle [siehe C/N-Verhältnis, Seite 56].

Wie feucht muss der Stapelkompost sein?
Während der Fermentation verliert der Stapel kaum Feuchtigkeit. Sollte er während der Vererdung zu trocken werden – dafür gibt es die Griffprobe [siehe Fotos] –, muss man ihn wieder wässern.

Darf man auch den Mist von Tieren verwenden, die Antibiotika bekommen haben?
Ja, aber nur wenn er vor dem Vererden fermentiert wird, sodass die Rückstände abgebaut werden.

Kann man auch aus einem fast fertigen normalen Kompost noch Schwarzerde machen?
Ja, man kann auch nachträglich noch Pflanzenkohle und Steinmehl unter den Kompost mischen. Es entfallen allerdings die Vorteile der Fermentation, die in diesem Fall nicht mehr möglich ist. Außerdem braucht die Pflanzenkohle einige Monate, um sich mit den Nährstoffen aufzuladen [dafür sollte der Kompost nicht zu trocken sein]. EM-a kann allerdings auch ohne Fermentation wegen seiner hygienisierenden Wirkung eine sinnvolle Ergänzung sein.

Was macht man mit bereits angerottetem organischen Material?
Um den Abbauprozess in der Biomasse wieder in ein aufbauendes Milieu umzulenken, sollte man sie während des Aufsetzens mit zusätzlichen 100 – 300 ml EM-a [1 : 10 mit Wasser verdünnt] pro 100 Liter Material übergießen.

Sollte man beim Aufsetzen des Stapelkomposts vorsichtshalber noch extra mit EM-a gießen?
Nein. Bei der Starter-Mischung [Seite 50] ist das EM-a schon enthalten. Anders verhält es sich, wenn man die Zutaten der Mischung jeweils einzeln zufügen will. Richtwert ist 1 Liter EM-a auf 10 Liter Pflanzenkohle.

Kann man auch andere Materialien zum Abdecken verwenden?
Während der Fermentationsphase kommt es vor allem auf den Luftabschluss an und daher ist eine feste Plastikplane hier am sichersten. Während der Vererdungsphase ist dagegen Luftzufuhr wichtig, es geht dann also nur noch um einen Wetterschutz. Man kann dann auch ein wasserabweisendes Kompostvlies, eine dicke Strohschicht oder Grassoden verwenden.

GRIFFPROBE:
Wenn Sie etwas Kompost aus der Mitte zusammendrücken, muss er zu einer Kugel formbar sein, die weder auseinanderfällt noch tropft. Ist er zu trocken, müssen Sie Wasser nachgießen, bis er sich auch im Innern wieder feucht anfühlt.
Ist der Kompost zu nass, hilft ein Umsetzen des Haufens, dabei eventuell noch etwas feines trockenes Material [z. B. Heu] untermischen.
Ein Kompost, der stark faulig riecht oder matschig und/oder verschimmelt aussieht, sollte entsorgt werden.

Sind die Anteile der Zutaten in der Starter-Mischung variabel?
Im Prinzip schon, aber das Rezept für die Starter-Mischung (Seite 50) hat sich in vielen Jahren sehr bewährt.

Kann man auch mehr oder weniger Starter-Mischung verwenden?
Die fertige Schwarzerde, die aus einem Verhältnis von 10 Teilen organischem Material zu 1 Teil Starter-Mischung entsteht, enthält etwa 15 Prozent Pflanzenkohle. Damit lässt sich selbst ein schlechter Boden zügig und kontinuierlich aufbauen. Diese Angabe sollte man allerdings nur als Faustregel sehen: Auch mit einem Verhältnis von 12 : 1 oder 8 : 1 entsteht eine gute Schwarzerde mit entsprechend etwas schwächerer oder stärkerer Wirkung. Viel mehr oder weniger Starter-Mischung sollte es allerdings nicht sein.

Kann man einen Stapelkompost mit fertiger Schwarzerde »impfen« und so die Starter-Mischung reduzieren?
Nein, da sich Pflanzenkohle und Gesteinsmehl nicht vermehren.

Was passiert mit dem Stapelkompost im Winter?
Wenn der Stapelkompost sehr spät im Jahr aufgesetzt wird, gehen sämtliche Mikroorganismen unter 5° C in eine Art Kältestarre, sodass alle Fermentations- und Umsetzungsprozesse pausieren. Diese Unterbrechung muss deshalb für die Dauer der Fermentierungsphase berücksichtigt werden. Am besten lässt man den Stapel dann einfach über den Winter eingepackt und deckt ihn erst im Frühjahr auf.

Sollte man einen Kaninchendraht unter die Miete legen?
Ein engmaschiges Drahtgitter ist in jedem Fall ratsam, falls Sie Wühlmäuse, Kaninchen oder andere Nagetiere im Garten haben.

Kann man den Stapelkompost auch länger fermentieren?
Ja, nur wird die Vererdungsphase kaum abgekürzt.

Kann man gefüllte kompostierbare BioBags oder Papiertüten mit auf den Stapelkompost geben?
Ja, sofern sie geeignete organische Küchenabfälle enthalten, die noch nicht gefault sind. Die BioBags brauchen jedoch etwas länger, bis sie sich zersetzen.

Darf auch Asche in den Stapelkompost?
Wenn, dann nur wenig Holzasche, da sie oft mit Schwermetallen belastet ist.

Muss beim Einschichten des organischen Materials eine bestimmte Reihenfolge eingehalten werden?
Nein. Wenn verschiedene Materialien verwendet werden, sollte man sie abwechselnd einfüllen und darauf achten, dass dabei etwa alle 10 bis 15 cm eine Schicht Starter-Mischung auf den Stapel kommt.

Kann man bei wenig Platz später noch eine zweite Etage auf den Stapelkompost bauen?
Bis zum Ende der Fermentationsphase kann man so vorgehen: die Plane abnehmen, weitere Latten auf die bestehende Miete setzen und das Material wie beschrieben darin einschichten, bewässern und verdichten. Den gesamten Stapel dann mit einer entsprechend größeren Plane komplett luftdicht einpacken und alles wiederum acht Wochen fermentieren lassen.

Darf man auch kranke Pflanzen (z. B. Kohlhernie, Kartoffelkrebs, Kräuselkrankheit, Monilia-Spitzendürre, Schorf, Rost, Mehltau, Kraut- und Braunfäule) auf den Stapelkompost geben?
Pflanzen mit Dauersporen wie etwa Kräuselkrankheit, Kohlhernie, Monilia oder Kartoffelkrebs bzw. mit bakteriellen Infektionen wie Feuerbrand dürfen auch fermentiert auf keinen Fall auf den Kompost und sollten verbrannt oder im Restmüll entsorgt werden. Blattpilze wie Schorf, Rost oder Mehltau kann man zwar kompostieren, wer aber sichergehen will, lässt sie besser weg.

Nach dem Fermentieren sieht das Material fast genauso aus wie am Anfang und ist noch nicht ansatzweise vererdet. Ist das normal?
Ja, das ist völlig in Ordnung. Wenn man den Stapelkompost jetzt umsetzt, kann man im Inneren bereits die ersten Veränderungen sehen, die schon während der Fermentation eingesetzt haben. Durch diese »Vorarbeit« und die Luftzufuhr wird die Vererdung von nun an beschleunigt ablaufen.

Sind auch andere Kompostbehälter geeignet?
Kompostsysteme mit einer vorgegebenen Größe wie etwa Thermokomposter sind nur eingeschränkt sinnvoll, z. B. im Winter als unauffälliger Lagerplatz für fermentiertes Bokashi (Seite 73). Für einen Stapelkompost sind sie ungeeignet, da hier die anaerobe Fermentierung wegen des zusammenfallenden Materials zu früh unterbrochen wird, selbst wenn man sie anfangs vollständig befüllen würde. Beim Aufsetzen behindern sie außerdem das Verdichten.

Stapelkompost in der Erdgrube

Sie können den Stapelkompost wie die Indios am Amazonas auch unsichtbar in einer Grube anlegen, was vor allem bei kleinen Gärten vorteilhaft sein kann. Dabei gehen Sie auf die gleiche Weise vor wie beim Aufsetzen einer Stapelkompost-Miete:

So wird's gemacht

1. Heben Sie zunächst eine ausreichend große Grube aus.

2. In diese werden nacheinander schichtweise das organische Material und die Starter-Mischung [Seite 50] eingefüllt. Anschließend muss alles gut festgetreten und ausreichend gegossen werden.

3. Decken Sie die oberste Schicht möglichst luftdicht ab, z. B. mit einer dicken Lage aus Grasschnitt oder Erde oder auch mit einer stabilen Plane.

Durch den fast vollständigen Luftabschluss im Boden gelingt auch bei dieser Methode eine sichere Fermentation, sodass keine Fäulnisprozesse entstehen und die wertvollen Inhaltsstoffe erhalten bleiben. Vorteile: Das organische Material wird von allen Seiten von Würmern und Bodenlebewesen umgesetzt, sodass alles gleichzeitig vererdet [bei der Kompostmiete dauert das Vererden an den Rändern der Miete etwas länger als in der Mitte]. Außerdem muss man sich nach dem Aufsetzen nicht mehr um ausreichend Feuchtigkeit kümmern. Nachteile: Vor allem bei schweren Böden und/oder viel organischem Material kann das Ausheben einer entsprechend tiefen Grube sehr viel Kraft erfordern. Auch das Entnehmen der fertigen Schwarzerde ist mühsamer als bei einer Kompostmiete.

In der Erdgrube muss man mit etwas Verlust rechnen, da sich die Schwarzerde mit dem umliegenden Boden teilweise vermischt.

Schwarzerde mit normalem Kompost

Die Herstellung eines guten Komposts ist nicht ganz einfach, bietet jedoch gegenüber dem Stapelkompost zwei wichtige Vorteile: Man braucht die Garten- und Küchenabfälle nicht zu sammeln, sondern kann sie jederzeit entsorgen. Außerdem eignet sich jede Form von Kompostmiete oder -behälter, egal ob offen oder geschlossen. Der Nachteil ist, dass bei dieser Methode die Fermentation entfällt, sodass die Hygienisierung nicht gewährleistet ist, was bei geringen Abfallmengen problematisch sein kann. Daneben muss der Kompost regelmäßig auf Feuchtigkeit überprüft werden, damit keine Fäulnisprozesse entstehen und der Kompost im schlimmsten Fall unbrauchbar wird. Fäulnis und schlechter Geruch können außerdem Schnecken anziehen, deren Eier dann mit der Komposterde ins Beet gelangen. Traditioneller Kompost sollte darüber hinaus mindestens zweimal umgesetzt werden, damit er gleichmäßig vererdet. Und nicht zuletzt verliert man bei herkömmlichem Kompost mindestens 50 Prozent des Volumens, beim Stapelkompost ist es dagegen nur etwa ein Drittel.

Im herkömmlichen Kompost können im Gegensatz zum Stapelkompost die Küchen- und Gartenabfälle täglich entsorgt werden.

Für denjenigen, der noch keine Erfahrung im Kompostieren hat, ist die Stapelkompost-Methode aus den genannten Gründen einfacher und sicherer als herkömmlicher Kompost. Wer jedoch das klassische Kompostieren beherrscht, kann damit ebenfalls sehr gut Schwarzerde herstellen.

Beim traditionellen Kompost wird zur besseren Vererdung ab und zu etwas Erde auf die Abfälle gestreut, die in diesem Fall einfach durch eine Mischung aus Pflanzenkohle und Gesteinsmehl ersetzt wird (Verhältnis wie bei der Starter-Mischung Seite 50). Effektive Mikroorganismen sind bei dieser Methode zwar nicht erforderlich, können aber zur Hygienisierung und zu den aufbauenden Prozessen im Kompost beitragen. Die geeigneten organischen Zutaten, Angaben zum optimalen C/N-Verhältnis und zur Standortempfehlung sind ansonsten die gleichen wie beim Stapelkompost (Seite 50).

So wird's gemacht

1. Geben Sie das organische Material wie gewohnt zum Kompost und streuen Sie regelmäßig so viel Pflanzenkohle und Gesteinsmehl darauf, dass insgesamt ein Verhältnis von zehn Teilen Organik zu einem Teil Pflanzenkohle-Gesteinsmehl-Mischung entsteht.

2. Den Kompost regelmäßig auf Feuchtigkeit überprüfen und gegebenenfalls bei Austrocknung gießen bzw. bei Staunässe umsetzen und etwas trockenes Material zugeben (im Zweifel die Griffprobe machen, Seite 61).

3. Die oberste Schicht vor Regen und Schnee schützen, z. B. mit Stroh oder einem dünnen Kompostvlies.

40 Jahre erfolgreich kompostieren

Josef S., seit Jahrzehnten überzeugter Biogärtner, erzählt von seiner Erfahrung in der Herstellung von Kompost und Schwarzerde mit und ohne Fermentation.

Als Selbstversorger aus Leidenschaft bewirtschaften Josef S. und seine Frau einen 1000 qm großen Gemüse- und Blumengarten auf 860 Meter Höhe.

Sie gärtnern sehr erfolgreich mit Pflanzenkohle, EM und Steinmehl. Warum machen Sie neben dem Stapelkompost noch herkömmlichen Kompost ohne Fermentation?

JS: Weil es nichts Besseres gibt als Kompost, und Schwarzerde oder EM waren damals, als ich damit anfing, ja noch unbekannt. Meinen ersten großen Kompostplatz habe ich schon vor über 40 Jahren angelegt, weil ich für meine damals rasch wachsende Familie mit fünf Kindern immer eigenes Gemüse und Obst haben wollte. Während der Saison wurde es natürlich frisch verwendet, für das Winterhalbjahr haben wir es dann im Herbst tiefgefroren, getrocknet oder eingemacht. Ich hatte mich auch schon sehr früh für die biologische Landwirtschaft interessiert und das Kompostieren kannte ich bereits von meinem Vater. Die Selbstversorgung aus dem Garten hat dann all die Jahre auch sehr gut funktioniert und wir hatten immer hohe Erträge, ohne jemals irgendeinen Mineraldünger zu verwenden.

Worauf muss man beim Kompostieren achten?

JS: Das Wichtigste ist die richtige Feuchtigkeit, das heißt, ein Kompost darf nie zu nass sein! Austrocknen sollte er aber auch nicht, da die Verrottung sonst gestoppt wird. Am besten macht man hin und wieder die Griffprobe. Wenn der Kompost dann doch einmal zu nass geworden ist, kann man ihn durch Umsetzen meist noch retten.

Halbreifen und reifen Kompost lagere ich offen neben unserem überdachten Sammelplatz, decke die Hügel im Winter aber mit Plastikplanen zu, da es bei uns auf fast 900 Meter Höhe sehr viel Schnee gibt und mit der Schneeschmelze schnell Staunässe entsteht. Andernfalls würde bald Fäulnis dazukommen, denn zu dieser Zeit findet auch noch kein aktives Bodenleben statt.

Seit wann nutzen Sie Pflanzenkohle, Steinmehl und EM?

JS: EM verwenden wir schon seit ca. 20 Jahren. Als wir noch Schafe hielten, wurden der Stall und die frische Einstreu aus Stroh einmal wöchentlich nach dem Saubermachen damit eingesprüht. Das Stallklima hat sich dadurch enorm verbessert: Es gab plötzlich viel weniger Fliegen und der Stall war schon bald so gut wie geruchsfrei. Den Schafmist haben wir immer vor der Verwendung kompostiert, was innerhalb eines Jahres abgeschlossen war.

Die Pflanzenkohle kam erst vor drei Jahren dazu und die Ernte wurde dann noch besser. Inzwischen stelle ich sogar meine eigene Pflanzenkohle her (Seite 117).

Was machen Sie mit dem frischen Kompost im Sammelbehälter?

JS: Im späten Frühjahr oder Frühsommer setze ich den Kompost einmal um, indem ich ihn als Hügel neben dem Sammelbehälter aufschichte. Wichtig ist der Bodenkontakt, damit die Regenwürmer und viele andere Organismen ungehindert zuwandern können. Und damit er möglichst homogen wird, achte ich beim Umschichten darauf, dass die frische Organik nach innen und das ältere Material nach außen kommen. Zum Schluss wird der Komposthügel noch mit Stroh, Heu oder frischem Grasschnitt zugedeckt - und fertig. Im Herbst setze ich den halbreifen Kompost noch einmal um.

Sieben Sie den Kompost?

JS: Sieben muss ich ihn nur, wenn noch viel grobes Material im Kompost vorhanden ist. Es kommt einfach als Zuschlag in den neuen Kompost und wirkt hier als Impfung mit nützlichen Mikroben und zur Lockerung. Einen kleinen Teil vom gesiebten Kompost behalte ich mir immer auf, setze ihn in den nächsten zwei bis drei Jahren noch je einmal um und decke ihn immer sorgfältig zu. Danach sind so gut

In diesem großen Selbstversorgergarten werden prinzipiell keine chemischen Dünger oder Pflanzenschutzmittel eingesetzt.

wie keine keimfähigen Wildkräutersamen mehr vorhanden und er ist vollkommen ausgereift, was vor allem bei empfindlichen Saaten wie Karotten sehr nützlich ist, die zum Keinem bis zu drei Wochen brauchen. Wenn ich da beim Säen mit dieser feinen Komposterde die Saatrille zudecke, entsteht dort kein Unkrautdruck und die Sämlinge haben in ihrer ersten Entwicklung keine Konkurrenz von keimenden Wildkräutern. Die auf die Saatrille gelegte Kompostschicht verhindert außerdem das Verschlämmen und Verkrusten, da Kompost auch nach Regen krümelig bleibt (für diesen Zweck soll man nie halbreifen Kompost verwenden, da er keimhemmend wirken kann).

Eigentlich werden Wildkräutersamen durch die hohen Temperaturen beim Verrottungsprozess doch abgetötet?

JS: Das ist für mich nicht so wichtig – im Gegenteil. Mir sind die Wildkräuter im Beet willkommen, denn sobald ich sie untergehackt habe, liefern sie den Regenwürmern und Mikroorganismen frisches organisches Material als Futter.

Durch geschickte Bodenbearbeitung machen die Wildkräuter nur wenig Arbeit und stören auch die empfindlichen Karotten-Sämlinge nicht.

Was kommt denn neben den organischen Abfällen noch in den Kompost?

JS: Urgesteinsmehl wegen der Mineralien und Spurenelemente und fallweise auch noch etwas Düngekalk.

Warum Kalk und wie viel verwenden Sie?

JS: Kalk ist ein für die Pflanzen sehr wichtiges Bodenmineral. Wenn im Mutterboden vom geologischen Aufbau her genug Kalk vorhanden ist, kann man sich eine Zugabe ersparen. Ein Test funktioniert sehr einfach: etwas Mutterboden mit zehnprozentiger Salzsäure (aus der Apotheke) beträufeln. Wenn ein heftiges Aufschäumen geschieht, ist genügend Kalk vorhanden. Bei mäßigem Aufschäumen ist wenig Kalk und ohne Aufschäumen ist gar kein Kalk im Boden. Bei wenig oder gar keinem Kalk stäubt man diesen beim Sammeln der Abfälle immer wieder dazwischen. So kommt dann der Kalk mit dem Ausbringen des Komposts auf die Beete. Dafür verwendet man keinen Branntkalk, sondern gemahlenes Kalksteinpulver (kohlensaurer Kalk).

Genügend Kalk im Boden begünstigt einen höheren pH-Wert und hilft somit auch gegen das Versauern des Bodens. Der ideale pH-Wert im Gemüsegarten liegt bei 5,5 bis 6,5. Manche Pflanzen vertragen mehr Säure, manche weniger.

Wenn man den Kalk direkt auf die Beete streut, sollte dies im Herbst erfolgen. Als Menge verwendet man nicht mehr als 1 kg Kalk auf ca. 5 bis 6 m², um eine pH-Erhöhung von 0,5 zu bewirken. Bei zu großen Kalkgaben verändert man das Bodenmilieu zu stark und schädigt so die Zusammensetzung der Mikroorganismen und damit die natürliche Bodenfruchtbarkeit. Wird Kalk über den Kompost verabreicht, sind die Mikroorganismen schon optimal angepasst.

Wie waren Ihre ersten Erfahrungen mit der Pflanzenkohle? Wie viel haben Sie verwendet?

JS: Das war damals noch zugekaufte Pflanzenkohle, von der ich immer wieder mal eine Schaufel voll zum frischen Kompost gegeben habe – fünf bis zehn Prozent waren es wohl. Ansonsten habe ich wie gewohnt weiter kompostiert. Besonders auffällig war, dass die Regenwurmpopulation extrem stark zugenommen hatte.

Haben Sie noch andere Veränderungen bemerkt?

JS: Der Verrottungsprozess ging schneller, vermutlich wegen der vielen Regenwürmer. Der fertige Kompost duftete nach wie vor ganz herrlich nach Walderde. Die Ernteergebnisse waren erstaunlich hoch, auch die Pflanzengesundheit ließ nichts zu wünschen übrig.

Sie haben ja 2016 zum ersten Mal einen Stapelkompost aufgesetzt, mit Pflanzenkohle, EM-a und Steinmehl. Wie ist denn Ihre Erfahrung mit der fermentierten Schwarzerde?

JS: Ja, den habe ich im Spätherbst 2016 mit meinen gesamten Gartenabfällen, EM, Urgesteinsmehl und meiner selbst erzeugten Pflanzenkohle aufgesetzt. Die ersten Anbauversuche mit der Schwarzerde habe ich dann im Frühjahr 2017 gemacht. Jetzt, Mitte August, sehe ich Ergebnisse, über die ich einfach nur noch staune. Die Zwiebeln haben schnell sehr viel mehr Grünmasse erzeugt als sonst, und die Knollen waren auch größer, gut ausgereift und haltbar, obwohl sie als Mittelzehrer eigentlich nicht viel Dünger brauchen. Die Hokkaido-Kürbisse sind ebenfalls sehr schnell gewachsen und die ersten waren Mitte August schon reif. Die Blätter und die Früchte

Bei diesem Kürbis haben sich außergewöhnlich viele Fruchtansätze gebildet.

waren an den Ausläufern in engerem Abstand, Größe und Anzahl der Kürbisse war ebenfalls mehr als sonst. Und erst die Brokkoli-Köpfe – einfach wunderbar! Das habe ich vorher noch nie so gehabt!

Würden Sie also sagen, dass vor allem die Starkzehrer davon profitieren?

JS: Auf jeden Fall! Bei den anderen Pflanzen muss ich erst noch mehr experimentieren. Was mir auch auffiel, ist, dass die Pflanzen viel gesünder und stärker geworden sind und ich keinerlei Schädlinge hatte – kein einziger Kohlweißling, praktisch keine Kartoffelkäfer, nichts! Auch keine Läuseplage bei den Johannisbeeren und den anderen Pflanzen. Schäden durch Erdläuse bei den Kreuzblütlern kenne ich auch nicht.

Wie haben Sie die Schwarzerde vom Stapelkompost ausgebracht?

JS: Im Frühling war das organische Material durch das späte Aufsetzen im Herbst ja erst halb vererdet, deshalb habe ich es so, wie es war, mittels Wurzelapplikation in die Pflanzrillen bzw. -löcher verteilt, normale Erde darübergegeben und die Pflanzen eingesetzt. Bis dann die Wurzeln dorthin wuchsen, war alles schon neutralisiert. Pflanzenwurzeln wachsen ja sowieso nur in ein Substrat hinein, das sie vertragen. Und als ich dann die dunkelgrünen, glänzenden Blätter und den kräftigen Wuchs der Pflanzen sah, war klar: Es geht ihnen gut. Eine wahre Freude!

Die Kerne der Riesen-Zucchini werden für die Aussaat im nächsten Jahr verwendet, kleinere Exemplare kommen in die Küche.

Schwarzerde mit Flächenkompostierung

Die Herstellung von Schwarzerde kann auch direkt im Beet erfolgen. Dafür wird organisches Material wie Erntereste, Rasenschnitt, Brennnesseln oder klein gehäckselter Strauchschnitt als Mulchschicht zusammen mit der Starter-Mischung (Seite 50) vor Ort flächig ausgebracht und vererdet. Bei holzigem Material sollte jedoch wegen des C/N-Verhältnisses dem Mulchmaterial genügend Stickstoff, z. B. in Form von Mist oder verdünntem Urin (Seite 72), zugefügt werden.

Der beste Zeitpunkt zum Ausbringen ist der Herbst, wenn die Beete bereits abgeräumt sind. Außerdem hat das Material auf diese Weise genug Zeit, um bis zum Frühjahr zu vererden.

So wird's gemacht

1. Auf dem Beet wird eine etwa 2 bis 3 cm dicke Mulchschicht aus organischem Material verteilt.

2. Streuen Sie pro Quadratmeter 1 Liter Starter-Mischung darüber.

3. Feuchten Sie die Starter-Mischung mit EM-a (1 : 200 mit Wasser verdünnt) an.

4. Abschließend wird alles mit einer zweiten dünnen Mulchschicht, z. B. Rasenschnitt, Heu oder Stroh, abgedeckt.

Tipp: Optimal als untere Mulchschicht eignet sich auch eine Gründüngung, die entweder abgemäht oder über den Winter stehen gelassen wird (Seite 136).

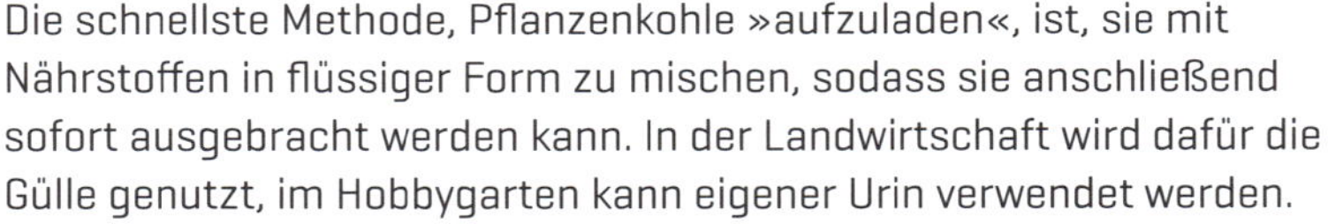

Schnellmethode: Pflanzenkohle mit Urin

Die schnellste Methode, Pflanzenkohle »aufzuladen«, ist, sie mit Nährstoffen in flüssiger Form zu mischen, sodass sie anschließend sofort ausgebracht werden kann. In der Landwirtschaft wird dafür die Gülle genutzt, im Hobbygarten kann eigener Urin verwendet werden.

Auch wenn es vielleicht ungewohnt klingt: Frischer Urin riecht quasi neutral (der strenge Geruch entsteht erst später durch die Umwandlung von Harnstoff in Ammoniak), ist nahezu keimfrei und enthält die drei wichtigsten Pflanzennährstoffe Stickstoff, Phosphor und Kalium in einem idealen Verhältnis sowie verschiedene wichtige Spurenelemente, Vitamine und Aminosäuren.

Urin, sofern er unbelastet von Medikamenten oder Hormonen ist, ergibt 1:10 mit Wasser verdünnt einen ausgezeichneten Dünger. Pur würde er wegen des hohen Harnstoffanteils die Pflanzen verbrennen.

So wird's gemacht

1. Vermengen Sie in einem Gefäß Starter-Mischung (Seite 50) und Urin im Volumenverhältnis 1:1 (1 Liter Starter-Mischung auf 1 Liter Urin). Die in der Mischung enthaltene Pflanzenkohle saugt die Flüssigkeit sofort auf, sodass sich deren Konsistenz kaum verändert und kein Geruch entsteht.

2. Die Starter-Urin-Mischung kann jetzt ähnlich wie Schwarzerde zur Wurzelapplikation verwendet werden (Seite 94).

Tipp: In einem dicht schließenden Gefäß ist Urin auch monatelang lagerfähig. Durch die Zugabe von einem Teil EM-a auf 200 Teile Urin (5 ml EM-a auf 1 Liter Urin) wird die Entstehung von schlechten Gerüchen verhindert.

Was tun bei Medikamenten- oder Hormoneinnahme?

Wenn man auch während der Einnahme von Medikamenten oder Hormonen den eigenen Urin nutzen möchte, sollte man ihn mit holzigem Material (ideal geeignet sind Sägespäne oder feine Holzhäcksel) mischen und als Zutat für den Stapelkompost verwenden (Seite 50). Durch das Zusammenspiel der Effektiven Mikroorganismen mit der Pflanzenkohle während der Fermentations- und Vererdungsphase werden alle Medikamentenrückstände, Hormone und Giftstoffe zuverlässig abgebaut.

Schwarzerde mit Bokashi

Wer keinen eigenen Garten oder nicht genug Platz zum Kompostieren hat, kann trotzdem Terra Preta mit der ebenso einfachen wie genialen Bokashi-Methode herstellen. Das Prinzip stammt aus Japan und beruht wie der Stapelkompost auf Fermentation (Seite 51). Der einzige Unterschied besteht darin, dass hier das organische Material in einem geschlossenen Behälter fermentiert wird. Ein solcher Behälter kann klein sein, wie beim Küchen-Bokashi, oder groß, wenn z. B. Gartenabfälle wie etwa Rasenschnitt in einem (Regen-)Fass fermentiert werden sollen. Wichtig ist nur, dass er luftdicht verschließbar ist.

Bei richtiger Anwendung verhindert die Bokashi-Methode mögliche Fäulnisprozesse und die damit verbundenen unangenehmen Gerüche. Auf diese Weise können Abfälle monatelang haltbar gemacht werden. Darüber hinaus entstehen durch das Fermentieren wertvolle Enzyme, Vitamine und Antioxidantien, die später den Pflanzen zugute kommen.

Küchen-Bokashi-Eimer müssen einen luftdicht schließenden Deckel haben. Außerdem ein Sieb, das Feststoffe und Flüssigkeit voneinander trennt, und einen Ablaufhahn zum Ablassen des Sickersafts.

Küchen-Bokashi

Ein häufiges Ärgernis im Haus sind schnell verderbliche Küchenabfälle, die nicht nur schlecht riechen, sondern vor allem im Sommer oft unzählige Fruchtfliegen anziehen. Statt die Nährstoffe wie üblich in der Biotonne oder über den Hausmüll zu entsorgen, kann man sie mit der Küchen-Bokashi-Methode in wertvolle Schwarzerde umwandeln. Dafür brauchen Sie:

- 2 Bokashi-Eimer
- Starter-Mischung (Seite 50)
- EM-a (Effektive Mikroorganismen, Seite 41)
- Sprühflasche

Bokashi-Eimer für die Küche

Bokashi-Eimer sind als fertiges Set erhältlich. Man kann sie zwar auch selbst bauen, allerdings müssen die Eimer sehr stabil und lebensmittelecht sein. Der Ablasshahn darf außerdem keine Gummidichtung haben, da Gummi durch das saure Bokashi (pH ca. 4) schnell porös und damit undicht wird.

Was kann hinein?

Wie der Begriff Bokashi schon sagt (japanisch für »Allerlei«), können Sie so ziemlich alles verwenden – von welken Salatblättern bis zum Kaffeesatz.

Geeignet sind fast alle pflanzlichen Abfälle. Sehr harte und große Abfälle wie Melonenschalen oder Kohlstrünke sollten etwas zerkleinert werden, da sie sonst nur langsam vererden, ebenso Eierschalen, die man am besten vorher zerdrückt.

In geringeren Mengen dürfen auch gekochte Speisereste, Zitrusschalen und Milchprodukte (z. B. Käserinde, Joghurtreste) in das Küchen-Bokashi.

Was nicht hinein gehört, sind Fleisch- und Wurstreste oder Knochen, da sie später beim Vererden unerwünschte Besucher wie Wühlmäuse oder fremde Hunde in den Garten locken. Ungeeignet sind auch stark gesalzene, verfaulte oder verschimmelte Lebensmittel.

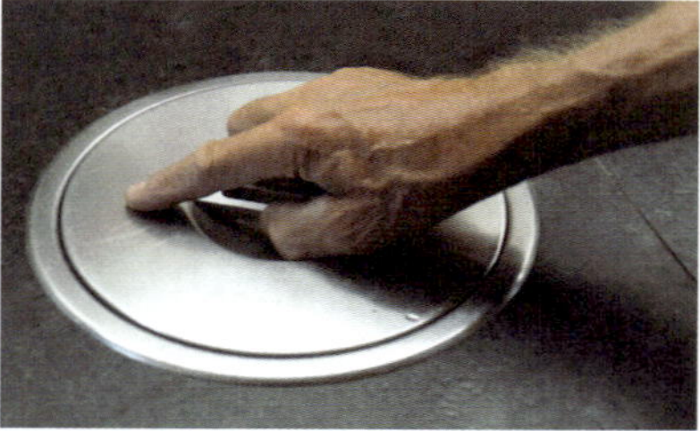

Bei diesem raffinierten System wurde ein kleiner Sammelbehälter für Küchenabfälle direkt in die Arbeitsplatte versenkt: Die Abfälle hineinschieben, etwas EM-a darüber sprühen und den Deckel aufsetzen. Wenn er voll ist, kommt er in den großen Küchen-Bokashi-Eimer.

Der richtige Standort

Damit die Fermentation gelingt, brauchen die Mikroorganismen eine bestimmte Umgebungstemperatur: Unter 5 °C gehen sie in eine Art Winterruhe, bei über 45 °C sterben sie ab. Optimal ist der Bereich zwischen 15° und 35 °C. Ein geeigneter Standort kann deshalb im Haus z. B. in der Küche oder im Keller sein. Im Freien (etwa auf dem Balkon) sollte der Bokashi-Eimer während der warmen Jahreszeit an einem schattigen Platz stehen, im Winter kann er beispielsweise in eine ausreichend warme Garage umziehen.

Tipp: Da der Bokashi-Eimer nicht auf einmal befüllt werden muss, kann man die Abfälle jederzeit portionsweise zufügen.

Sollte der Bokashi-Eimer nicht in der Küche stehen, ist es bequemer, wenn man die Abfälle zuerst über mehrere Tage in einem Extrabehälter (z. B. Schüssel oder kleiner Mülleimer) sammelt und sie dann zusammen in den Bokashi-Eimer gibt. Zur Fäulnisvermeidung sollte man die Abfälle in der Zwischenzeit ab und zu mit etwas verdünntem EM-a besprühen (1:200).

So wird's gemacht

Auch bei der Herstellung von Schwarzerde aus Küchenabfällen sollte das Verhältnis etwa zehn Teile organisches Material zu einem Teil Starter-Mischung betragen. Handelsübliche Bokashi-Eimer fassen 16 bis 18 Liter; für eine Eimerfüllung braucht man also gut 1,5 Liter Starter-Mischung.

1. Geben Sie die Küchenabfälle in einen Bokashi-Eimer.

2. Die Abfälle gründlich festdrücken.

3. Streuen Sie etwa alle 5 cm eine dünne Schicht Starter-Mischung darüber.

4. Abschließend mit reichlich EM-a [1:100 mit Wasser verdünnt] besprühen und den Eimer mit dem Deckel luftdicht verschließen.

Tipp: Solange der Eimer nur wenig befüllt ist, kann man einen mit Sand gefüllten Plastiksack auf die oberste Schicht legen. Dadurch werden die Abfälle noch besser verdichtet und der Hohlraum wird ausgefüllt, sodass weniger Luft im Bokashi-Eimer verbleibt.

5. Der entstehende saure Sickersaft [pH-Wert ca. 4] muss alle zwei bis drei Tage durch den Ablaufhahn in ein kleines Gefäß abgelassen werden, andernfalls entsteht Fäulnis mit der Folge unangenehmer Gerüche. ▸

Tipp: Der saure Sickersaft aus dem Bokashi-Eimer ist ein hochwertiger Dünger, muss aber zum Gießen vorher im Verhältnis 1:200 mit Wasser verdünnt werden [z. B. 50 ml Sickersaft pro 10-Liter-Gießkanne]. Pur verwendet würde die Säure den Pflanzenwurzeln schaden. Unverdünnt lässt er sich sehr gut auch als natürlicher Abflussreiniger verwenden.

Oft entsteht während des Fermentationsprozesses ein weißer Belag auf der Oberfläche. Dieses Pilzgeflecht ist aber kein Schimmel, sondern im Gegenteil ein Zeichen für eine optimal verlaufene Fermentation.

6. Wenn der Eimer gefüllt ist, lässt man das Bokashi noch zwei bis drei Wochen stehen, damit auch die letzten Schichten ausreichend fermentieren. Danach ist es fertig und wird weiterverwendet [Seite 82]. Während das Bokashi im ersten Eimer noch fermentiert, können Sie bereits mit dem Befüllen des zweiten Behälters beginnen.

Garten-Bokashi

Garten-Bokashi ist eine gute Lösung, wenn Sie zu wenig Material für einen Stapelkompost haben. Hier können Sie wie beim Stapelkompost [Seite 50] fast alles organische Material verwenden, das im Garten oder Haus anfällt: grüne Erntereste, Wildkräuter, frische pflanzliche Küchenabfälle etc. Holziges Material, Laub [vor allem von Eiche und Walnuss] sowie Strauchschnitt sollten vorher klein gehäckselt werden, da sie sonst nur sehr langsam vererden. Für Garten-Bokashi brauchen Sie:

- einen luftdicht verschließbaren Behälter; gut geeignet sind z. B. Deckelfässer mit Spannring, deren Fassungsvermögen von 30 bis 220 Liter reicht.
- Starter-Mischung [Seite 50].
- EM-a [Effektive Mikroorganismen, Seite 41]

So wird's gemacht

Hier gehen Sie nach dem gleichen Prinzip vor wie beim Küchen-Bokashi:

1. Füllen Sie das organische Material schichtweise im Wechsel mit der Starter-Mischung ein [ca. zehn Teile Abfälle auf einen Teil Starter-Mischung] und verdichten Sie jede Schicht gründlich.

2. Bei trockener Organik [z. B. Heu oder holziges Material] feuchten Sie jede Schicht mit EM-a [1 : 100 mit Wasser verdünnt] an.

3. Verschließen Sie den Behälter gut und stellen Sie ihn für mindestens zwei bis drei Wochen an einen möglichst schattigen Platz.

EM-Bokashi

EM-Bokashi ist optimal, wenn Sie schnell faulende Gartenabfälle wie frischen Rasenschnitt oder Erntereste so lange haltbar machen wollen, bis sie weiterverwendet werden.

Dazu brauchen Sie nur EM-a und einen luftdicht verschließbaren Behälter.

Bei Rasen-Bokashi hilft folgende Faustregel, die passende Größe des Behälters einzuschätzen: Frischer Rasenschnitt verliert durch Verdichten etwa zwei Drittel seines Volumens.

So wird's gemacht

1. Füllen Sie das organische Material portionsweise ein und verdichten Sie es dabei immer wieder gut mit einem schweren Gegenstand.

2. Feuchtes Material (z. B. frischer Rasenschnitt) übergießen Sie schichtweise mit unverdünntem EM-a (ca. 1 Liter auf 200 Liter Material).

Trockene Abfälle (z. B. Heu oder holziges Material) sollten Sie gründlich mit verdünntem EM-a (1:10) anfeuchten.

Verschließen Sie den Behälter luftdicht und stellen Sie ihn bis zur weiteren Verwendung (Seite 84) an einen möglichst schattigen Platz.

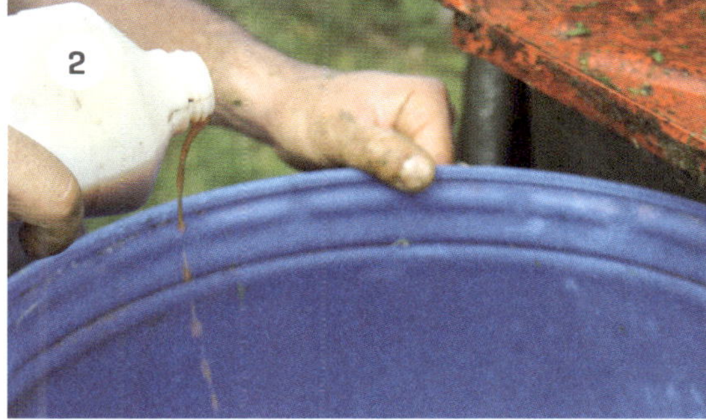

Tipp für Garten- und EM-Bokashi:
Wenn der Behälter nicht auf einmal vollständig befüllt werden kann, sollte die oberste Schicht immer luftdicht abgedeckt werden, z. B. mit einem Sandsack oder einer festen Plane, bevor man den Deckel aufsetzt. Alternativ können Sie aber statt eines Behälters auch einen stabilen Plastiksack zum Befüllen verwenden.

Häufige Fragen und Antworten zur Bokashi-Herstellung

Die meisten Antworten auf Fragen zur Herstellung und Verwendung von Garten-Bokashi finden Sie beim Stapelkompost [Seite 60], da beide Methoden sehr ähnlich sind. Im Folgenden geht es deshalb vor allem um Küchen- und EM-Bokashi:

Woran erkennt man, ob das fertige Bokashi gelungen ist?
Nach einer erfolgreichen Fermentation riecht Bokashi vor allem fruchtig-säuerlich nach EM, aber auch die ursprünglichen Abfälle, z. B. Kohl oder Zwiebel, kann man noch am Geruch erkennen. Stinkt es dagegen nach Fäulnis, ist der Prozess misslungen und man sollte das Bokashi entsorgen.

Manchmal entsteht auf der Oberfläche auch ein weißes Pilzgeflecht, was ebenfalls ein gutes Zeichen ist.

Gibt es organische Abfälle, die sich nicht für das Küchen-Bokashi eignen?
Ja, Kerne von Steinobst oder Avocadoschalen. Man kann sie zwar bokashieren, ihre Vererdung dauert aber mehrere Jahre. Auch Fleisch- oder Wurstreste gehören nicht in den Bokashi-Eimer.

Wie lange dauert es, bis ein Küchen-Bokashi-Eimer gefüllt ist?
Bei einer vierköpfigen Familie mit durchschnittlichem Obst- und Gemüseverbrauch ist der Eimer nach drei bis vier Wochen voll. Für eine vegetarische Großfamilie lohnt sich vielleicht die Anschaffung weiterer Bokashi-Eimer.

Was kann man tun, wenn es zu wenige Küchenabfälle gibt?
In diesem Fall können Sie durchaus etwas Grünabfall dazu mischen, z. B. die Reste von Zimmer- und Balkonpflanzen.

Darf man fertig fermentiertes Küchen-Bokashi auch länger im Eimer stehen lassen?
Ja, das ist möglich. Selbst monatelanges Aufbewahren beeinträchtigt die Qualität des Bokashi nicht. Sie sollten nur ab und zu überprüfen, ob sich noch Sickersaft im Eimer gesammelt hat, und ihn abfließen lassen.

Kann Küchen-Bokashi auch zu feucht oder zu trocken sein?
Zu nass kann es nicht werden, da alle überschüssige Flüssigkeit als Sickersaft abläuft. Bei sehr trockenen Küchenabfällen, was oft im Winter der Fall ist, sollte man jede Schicht beim Einfüllen gründlich mit verdünntem EM-a besprühen.

Wie lange kann man fermentiertes Rasen-Bokashi aufbewahren?
Bis zu einem Jahr, wenn es luftdicht verschlossen ist.

Was macht man mit fermentiertem Bokashi im Winter oder wenn man gerade keine Verwendung dafür hat?

Fertiges Bokashi lässt sich monatelang aufheben, weil es durch die Fermentation sehr stabil ist. Zum Aufbewahren eignen sich als Zwischenlager z. B. feste Plastiksäcke, leere Regenfässer und/oder Eimer mit Deckel, damit möglichst wenig Luft hineingelangt.

Selbst bei Minustemperaturen kann man fertiges Bokashi problemlos im Freien lagern.

Wie lange darf man frischen Rasenschnitt bis zum Aufsetzen von EM-Bokashi liegen lassen?
Nicht länger als ein bis zwei Tage, damit er nicht anfängt zu gären. Andernfalls sollte man den Rasenschnitt bis zum Bokashieren ausgebreitet etwas antrocknen oder gleich ganz zu Heu trocknen lassen.

Bokashi anwenden

In diesem Kapitel lernen Sie Möglichkeiten kennen, wie Sie fermentierte organische Abfälle aus Haus und Garten als Küchen-, Garten- und EM-Bokashi in Schwarzerde umwandeln. Außerdem zeigen wir Ihnen, wie Sie Ihr Bokashi ganz einfach auch in einem mobilen Kistenbeet verwenden können.

Vom Bokashi zur Schwarzerde

Bokashi ist sehr vielseitig anwendbar, egal, ob im Beet oder Kübel. Durch die Fermentation ist es nicht nur vor Fäulnis geschützt, sondern trägt durch seinen großen Nährstoffgehalt zu einem enormen Pflanzenwachstum bei.

Küchen-Bokashi anwenden

In diese Reihe sollen in drei Wochen Rote-Bete-Jungpflanzen gesetzt werden. Bis dahin haben Regenwürmer und Mikroorganismen das Küchen-Bokashi schon weitgehend durchgearbeitet.

Bokashi sieht nach dem Fermentieren fast noch genauso aus wie zu Beginn. Damit es vererden kann, sind ab jetzt Sauerstoff und/oder Bodenkontakt nötig. Durch die vorherige Fermentation verläuft dieser Prozess jedoch sehr schnell und das Bokashi wird je nach Außentemperatur und Feinheit des Ausgangsmaterials in ein bis drei Monaten zu Erde. Fertig fermentiertes Bokashi lässt sich auf mehrfache Weise im Garten oder Haus weiterverarbeiten:

- Das Bokashi etwa 10 cm tief im Beet oder Hochbeet vergraben, jeweils mit etwas Erde abdecken und gut andrücken. Mit der Bepflanzung ca. drei Wochen warten, bis sich der pH-Wert weitgehend neutralisiert hat. Bei einer bestehenden Pflanzung sollten Sie das Bokashi mit etwa 30 cm Abstand zu den Pflanzen eingraben.

- Eine andere einfache Möglichkeit ist das Vererden im Topf: Geben Sie etwas Gartenerde in einen Tontopf mit Bodenloch und füllen Sie mit Küchen-Bokashi auf. Den Topf umgedreht im Wurzelbereich von Bäumen und Sträuchern auf den Boden stellen und das Bokashi durch das Bodenloch leicht angießen.

Mit dieser Methode werden bestehende Kulturen gedüngt und es entsteht gleichzeitig Schwarzerde, die auch für andere Pflanzungen genutzt werden kann. Apfel- und Aprikosenbaum danken es mit reichlich Früchten.

- Küchen-Bokashi lässt sich außerdem sehr gut als Zutat beim Aufsetzen eines Stapelkomposts verwenden (Seite 50), indem man es einfach als zusätzliche Schicht einarbeitet. Dadurch wird das Bokashi zwar ein weiteres Mal fermentiert, dafür entsteht aber kein Mehraufwand beim Vererden und dem Stapelkompost kommt es bei seinem Fermentierungsprozess zugute.

- Bei Kübel-, Balkon- und Zimmerpflanzen vererdet das Bokashi ohne Bodenkontakt. Die Pflanzgefäße bzw. Blumenkästen sollten je nach Größe ein oder mehrere Ablauflöcher haben, damit überschüssiges Gießwasser abfließen kann. Legen Sie auf jedes Loch eine Tonscherbe und bedecken Sie den Topfboden mit etwas Pflanzerde. Eine Schicht Küchen-Bokashi darauf verteilen und leicht andrücken. Füllen Sie das Gefäß anschließend mit Pflanzerde auf und setzen Sie die Pflanze ein. Bis die Wurzeln das ursprünglich saure Bokashi erreicht haben, hat es sich in pH-neutrale Schwarzerde verwandelt.

Wichtig: Beim Umtopfen von Kübel- oder Zimmerpflanzen sollte wegen des größeren Wurzelballens das Bokashi als unterste Schicht eingefüllt und mit einer mindestens 5 cm dicken Pufferzone aus Pflanzerde abgedeckt werden.

Tipp: Die Schwarzerde bei Einjährigen im Herbst nicht entsorgen, sondern im Frühjahr mit einigen Handvoll neuer Schwarzerde auffrischen und wiederverwenden. So bleibt die wertvolle Pflanzenkohle erhalten und reichert sich an.

Auch Lobelien (Männertreu) und die schwarzäugige Susanne gehören zu den einjährigen Sommerblumen, die reichlich Schwarzerde vertragen. Da sie außerdem viel Feuchtigkeit brauchen, profitieren sie besonders von der hohen Wasserspeicherfähigkeit der Pflanzenkohle.

Eine ganz einfache Möglichkeit zur Bokashi-Vererdung im Garten ist ein umgedrehtes Gefäß, wie z. B. diese Tonne.

Garten-Bokashi anwenden

Hier gibt es zwei einfache Möglichkeiten, das fertige Bokashi vererden zu lassen:

- Nehmen Sie den Deckel ab und stellen Sie den Behälter im Garten an einem Platz mit Bodenkontakt auf den Kopf – bei Wühlmäusen im Garten am besten auf ein Kaninchengitter. Auf diese Weise wird das Bokashi von den Würmern und Kleinstlebewesen je nach Ausgangsmaterial und Jahreszeit in mehreren Wochen bis Monaten zu Schwarzerde umgesetzt.
- Oder Sie entnehmen das Bokashi portionsweise dem Behälter und vergraben es wie Küchen-Bokashi z. B. im Beet, Hochbeet, Kübel oder im umgedrehten Topf. Auch hier muss man auf genügend Abstand zu bestehenden Kulturen achten bzw. sollte man erst nach ca. drei Wochen neu pflanzen.

Dieses Rasen-Bokashi dient nach monatelanger Lagerung als Mulchschicht bei der Flächenkompostierung im Herbst (Seite 71).

EM-Bokashi anwenden

EM-Bokashi, das keine Pflanzenkohle enthält, wird meistens als Zutat für den Stapelkompost genutzt (Seite 50). Reines Rasen-Bokashi kann man außerdem sehr gut zum Mulchen verwenden. Da es lange haltbar ist, steht es immer zum gewünschten Zeitpunkt zur Verfügung. Weiterer Vorteil: Eine normale Mulchschicht zieht häufig Schnecken an, vor allem, wenn sie feucht ist und deshalb schnell fault; außerdem bietet sie ihnen tagsüber ein gutes Versteck. EM-Bokashi ist zwar auch feucht, wird aber von den Schnecken gemieden, da sie Fermentiertes grundsätzlich nicht mögen.

Der beste Zeitpunkt zum Ausbringen

Man kann Bokashi das ganze Jahr über im Beet vergraben, allerdings sind der Spätherbst und das zeitige Frühjahr am besten geeignet, da dann in der Regel nicht auf den erforderlichen Abstand zu bereits bestehenden Kulturen geachtet werden muss.
Auch über den Winter gesammeltes Bokashi arbeitet man am besten schon zeitig im Frühjahr ins Beet oder Hochbeet ein. Durch den Vererdungsprozess erwärmt sich der Boden/die Erde schneller und das Bodenleben wird angeregt, sodass man früher mit dem Pflanzen beginnen kann.

Urban Gardening: Terra Preta in der Bäckerkiste

Wer nur wenig Platz hat und trotzdem eigenes Bio-Gemüse ernten möchte, kann auf der Terrasse oder dem Balkon ein Kistenbeet anlegen und dabei gleichzeitig sein fertiges Küchen-Bokashi in Schwarzerde umwandeln. Bei dieser Methode gibt es zwei Varianten, die beide nach dem Rotationsprinzip funktionieren. Dafür brauchen Sie:

- Zwei Bäckerkisten, die wegen ihres luft- und wasserdurchlässigen Bodens ideal als Pflanzgefäße geeignet sind. Bei diesen größengenormten Eurobehältern beträgt die Grundfläche 40 x 60 cm, die Höhen variieren zwischen 24 und 41 cm. (Es gibt sie zwar auch mit ca. 13 cm Höhe, als Pflanzkiste wären sie dann aber zu niedrig.) Die Kunststoffkisten sind in mehreren Farben erhältlich und vertragen auch Minustemperaturen.
- Unbedruckte Pappe zum seitlichen Auskleiden der Kisten, damit keine Erde durch die Löcher fällt.
- Einen passenden, weil ebenfalls größengenormten Transportroller mit 60 x 40 cm und halboffenem Boden, auf den Sie die Kisten stellen können. Optimal sind Transportroller in passender Farbe mit Gummirädern, die keine Rollspuren hinterlassen, und zwei Feststellbremsen, sodass die Kisten einen festen Stand haben.
- Optional einen Untersetzer mit Rand für überschüssiges Gießwasser in passender Größe (40 x 40 cm) zum Unterstellen.
- Erde: Am besten ganz normale Gartenerde, ansonsten eine hochwertige torffreie Universalerde.

Die Vorteile des Stapelsystems

Neben der Platzersparnis profitieren Sie von der angenehmen Arbeitshöhe und dem flexiblen Standort, da Sie die Kisten je nach Bedarf mühelos an eine andere Stelle stellen bzw. rollen können. So können die Kisten beispielsweise bei problematischen Lichtverhältnissen an den jeweils besten Sonnenplatz gestellt bzw. geschoben oder schnell vor einem Unwetter geschützt werden.

Variante 1: Doppelte Rotation

Mit dieser Methode können Sie dreimal pro Saison ernten und zweimal fertiges Bokashi vererden lassen. Dafür brauchen Sie zwei Kisten mit jeweils 24 cm Höhe, die übereinandergestapelt werden. Da sie weniger Erde bzw. Bokashi enthalten, sind die Kisten leichter als bei Variante 2 und können deshalb auch allein umgesetzt werden.

So wird's gemacht

1. Kleiden Sie die beiden Kisten (A und B) an den Seiten mit Pappe oder Unkrautvlies aus.

2. Stellen Sie die Kiste A auf den Transportroller und bedecken Sie den Boden der Kiste etwa 5 cm hoch mit Garten- oder Universalerde. Füllen Sie etwa 15 cm hoch fertiges Küchen-Bokashi ein (das entspricht dem Inhalt von ca. zwei Bokashi-Eimern à 16 Liter) und bedecken Sie die Bokashi-Schicht bis zum Rand der Kiste mit weiterer Erde.

3. Setzen Sie Kiste B darauf und befüllen Sie diese 20 cm hoch mit einer Mischung aus Schwarzerde und Garten- oder Universalerde im Verhältnis 1 : 2. Nun pflanzen Sie Gemüse mit kurzer Kulturzeit, z. B. Radieschen oder Salat (siehe Pflanzbeispiele, Seite 90).

4. Stellen Sie den Transportroller an einen sonnigen, möglichst windgeschützten Platz auf dem Balkon oder der Terrasse, fixieren Sie die Räder und schieben Sie nach Bedarf die Auffangschale für das Gießwasser unter.

5. Nach der Ernte füllen Sie Kiste B bis zum Rand wieder mit frischem Bokashi auf und setzen Kiste A darauf. Inzwischen ist die Bokashi-Schicht in Kiste A vererdet, d. h., hier herrschen beste Bedingungen für Gemüse mit hohem Nährstoffbedarf und längerer Kulturzeit. Auch mitteltief wurzelndes Gemüse hat genug Platz, da die Wurzeln durch den Boden in die untere Kiste B wachsen können.

6. Nach der Ernte im Spätsommer stellen Sie Kiste B wieder nach oben und pflanzen darin noch einmal Gemüse mit kurzer Kulturzeit.

7. Am Ende der Saison entnehmen Sie aus einer der beiden Kisten etwa 15 cm Schwarzerde-Mischung, füllen die gleiche Menge frisches Bokashi ein und decken es bis zum Rand mit Garten- oder Universalerde ab. Diese Kiste können Sie dann im nächsten Frühjahr als obere Kiste B wieder zuerst bepflanzen.

8. Ersetzen Sie in der unteren Kiste A wie oben beschrieben im Frühjahr die Schwarzerde-Mischung durch frisches Bokashi.

Tipp: Die entnommene gebrauchte Erde aus der Kiste (ca. 30 Liter) können Sie bis zur nächsten Verwendung in einem geschlossenen Behälter aufbewahren. Aufgefrischt mit etwa 5 Liter neuer Schwarzerde ist sie ideal für Kübel-, Balkon- und Zimmerpflanzen geeignet.

Bäckerkisten lassen sich im Garten auch sehr gut als platzsparendes Mini-Hochbeet nutzen, indem man den Transportroller einfach durch ein Untergestell ersetzt.

Und wer es etwas größer mag: Vier dieser Kisten passen flächenmäßig genau auf eine Europalette, die einen stabilen Untergrund bildet.

Hohe Kisten sind ideal für tief wurzelndes Gemüse und haben eine angenehme Arbeitshöhe. Da sie mit der Erde jeweils etwa 45 bis 50 kg wiegen, sollte man sie möglichst zu zweit anheben und umsetzen.

Variante 2: Einfache Rotation

Sie eignet sich für mittel- bis tiefwurzelndes Gemüse oder auch Starkzehrer mit langer Kulturzeit.

Dafür brauchen Sie zwei hohe Bäckerkisten (41 cm). Die obere Kiste wird bepflanzt, während in der unteren Kiste das Küchen-Bokashi vererdet und so das Beet fürs nächste Jahr vorbereitet wird. Im folgenden Frühling kommt dann die obere Kiste nach unten und wird mit neuem Bokashi befüllt, sodass jedes Jahr wieder frische Schwarzerde zur Verfügung steht.

Die beiden Kisten und der Transportroller ergeben eine Gesamthöhe von etwa 95 cm.

So wird's gemacht

1. Die Kisten an den Seiten mit Pappe oder Unkrautvlies auskleiden.

2. Stellen Sie eine Kiste auf den Transportroller. Den Boden bedecken Sie etwa 10 cm hoch mit Garten- oder Universalerde und verteilen fermentiertes Küchen-Bokashi darüber. Die Schicht sollte etwa 20 cm hoch sein, was dem Inhalt von ungefähr drei Bokashi-Eimern à 16 Liter entspricht (eine gute Gelegenheit, um das über den Winter gesammelte Material zu vererden!). Füllen Sie die Kiste randvoll mit weiterer Erde auf (etwa 10 cm).

3. Stellen Sie die zweite Kiste darauf. Nun gibt es zwei Möglichkeiten:

- Die Kiste entweder mit einer Mischung aus Schwarzerde (Seite 49) und Garten- oder Universalerde im Verhältnis 1 : 2 ca. 35 cm hoch befüllen und bepflanzen.
- Oder etwa 10 cm hoch Garten- oder Universalerde auf dem Boden der Kiste verteilen und eine 10 cm hohe Bokashi-Schicht einfüllen. Darauf eine Mischung aus Schwarzerde und Garten- oder Universalerde im Verhältnis 1 : 3 bis 1 : 4 (etwa 15 cm hoch) verteilen und die Kiste bepflanzen.

Als dekorative Randbepflanzung schmeckt Kapuzinerkresse nicht nur gut, sondern überdeckt auch die Kisten mit ihren üppig rankenden Blättern und den leuchtenden Blüten.

4. Stellen Sie den Transportroller an einen sonnigen, möglichst windgeschützten Platz auf dem Balkon oder der Terrasse, fixieren Sie die Räder und schieben Sie nach Bedarf die Auffangschale für das Gießwasser unter.

5. Im nächsten Frühjahr setzen Sie die obere Kiste nach unten, füllen sie wie beschrieben mit neuem Bokashi auf, stellen die untere Kiste darauf und bepflanzen sie wieder neu.

Pflanzideen fürs Kistenbeet

An einem geschützten Platz kann je nach Klimazone und Witterung meistens schon im März das erste Mal gepflanzt werden. Durch die Wärmeentwicklung beim Vererden des Bokashi wird das Wachstum der Jungpflanzen unterstützt, in kalten Nächten ist anfangs jedoch noch eine Vliesabdeckung als Frostschutz ratsam.

Grundsätzlich lässt sich fast jedes Gemüse im Kistenbeet ziehen, einige Punkte sollte man dabei jedoch beachten:

Der mehrjährige Schnittlauch braucht nährstoffreiche Erde und sollte am besten ein eigenes Gefäß bekommen, in das man als unterste Schicht etwas Küchen-Bokashi füllt. In den folgenden Jahren kann man ihn dann jeweils mit etwas frischer Schwarzerde düngen.

- **Platz:** Wegen der begrenzten Fläche in der Kiste sollte man schon vorher planen, was in einer Saison gepflanzt wird. Ideal ist eine Mischkultur, z. B. Kohlrabi, Salat und Radieschen, mit der sich der Platz optimal ausnutzen lässt. Weit ausladende Pflanzen wie Zucchini, Kohl oder Kürbis beanspruchen dagegen eine ganze Kiste für sich allein.

- **Ertrag:** Andererseits können große Pflanzen, von denen man den ganzen Sommer über ernten kann, auch durchaus sinnvoll sein. Bei Gemüse mit viel Platzbedarf, aber nur einer Ernte pro Jahr (viele Kohlarten oder Mais), muss man dagegen abwägen, ob sich ein Kistenbeet lohnt.

- **Dauer:** Gemüsepflanzen haben sehr unterschiedliche Kulturzeiten: Salate oder Radieschen können z. B. schon nach fünf bis sechs Wochen geerntet werden, Tomaten oder Paprika brauchen dagegen eine ganze Saison. Um die begrenzte Zeit optimal zu nutzen, ist es sinnvoll, vorgezogene Jungpflanzen (Seite 102) zu setzen Ausnahmen sind Radieschen, Rucola, Pflücksalat, Karotte und Mangold, die direkt ins Kistenbeet gesät werden.

- **mehrjährige Gemüse / Kräuter:** Ungeeignet für die Rotationsmethode sind Gemüse wie Rhabarber, »Ewiger Kohl« (Brassica species) oder Topinambur, da sie jedes Jahr wieder neu austreiben. Ebenso mehrjährige Kräuter wie Salbei, Thymian, Oregano und Rosmarin, die man am besten in eine eigene Kiste mit Kräutererde setzt. Da sie außerdem wegen ihres mediterranen Ursprungs eher magere Erde bevorzugen, wird bei ihnen nur wenig Schwarzerde untergemischt (1 : 10).

- **einjährige Kräuter:** Petersilie, Basilikum und Dill sind wegen ihres hohen Nährstoffbedarfs ideal für das Kistenbeet geeignet.

Doppelte Rotation

Hier sollten flach- und mittelwurzelnde Gemüse mit möglichst ähnlicher Kulturzeit gepflanzt werden, zum Beispiel in folgenden Kombinationen:

Vorkultur Mitte / Ende März

1 Reihe Kohlrabi (ca. 4) + 1 Reihe Kopfsalat (ca. 4), dazwischen
1 Reihe Radieschen (15 bis 20, direkt säen)

Hauptkultur Mitte Mai (nach den Eisheiligen)

4 Fenchel + 1 Brokkoli (Mitte) *oder*
2 Paprika *oder*
4 Mangold *oder*
1 Gurke *oder*
2 Buschbohnen + Bohnenkraut (als Randbepflanzung) *oder*
2 Reihen Stangensellerie (je ca. 3) + 1 Reihe Lauch (Mitte, ca. 5)

Nachkultur Ende August/Mitte September

4 Endivien (vorgezogen!) *oder*
4 Grünkohle (vorgezogen, möglichst nach dem ersten Frost ernten)

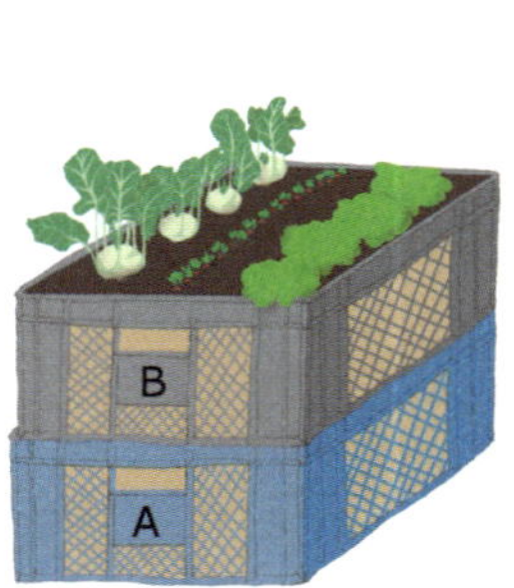

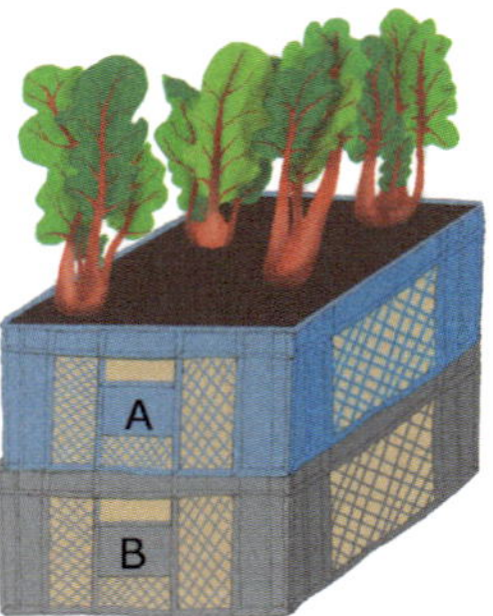

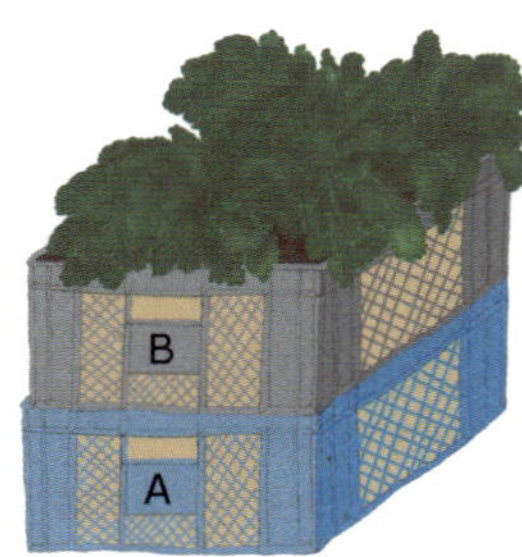

Flach-, Mittel- und Tiefwurzler

- Flachwurzler: Gurke, Lauch (Porree), Kohlrabi, Stangensellerie, Zwiebel, Radieschen, Schalotte, Frühlingszwiebel, Spinat, Endivie, Feldsalat, Kopfsalat, Pflücksalat, Rucola
- Mittelwurzler: Bohne, Karotte, Blumenkohl, Weißkohl, Rotkohl, Wirsing, Grünkohl, Brokkoli, Paprika, Chili, Erbse, Fenchel, Aubergine, Mangold
- Tiefwurzler: Tomate, Kartoffel, Kürbis, Zucchini, Rote Bete, Rosenkohl, Pastinake, Rettich, Knollensellerie

Einfache Rotation

Bei dieser Variante gibt es während der Pflanzsaison keinen Kistentausch. Hier können Sie fast alles anbauen, egal, ob lange oder kurze Kulturzeit, ob Flach-, Mittel- oder Tiefwurzler. Selbst Kartoffeln oder Wurzelgemüse wie Karotten oder Rettich haben dank der Kistenhöhe genug Platz. Bei früher Bepflanzung gibt es sogar noch genug Zeit für eine Vor- und Nachkultur. Eine Bepflanzung mit optimaler Raumnutzung könnte zum Beispiel so aussehen:

Vorkultur Mitte / Ende März

Je 1 Reihe mit 4 Kohlrabi + 4 Kopfsalaten, dazwischen 1 Reihe Radieschen (direkt säen)

Hauptkultur Mitte Mai (nach den Eisheiligen)

2 Tomaten + Kapuzinerkresse (als Randbepflanzung) *oder*
1 Chili + 1 Tomate + 1 Basilikum *oder*
2 Kartoffeln + Kapuzinerkresse (als Randbepflanzung) *oder*
1 Kürbis *oder*
1 Zucchini *oder*
2 Reihen Karotten (ca. 15, direkt säen) + 1 Reihe Lauch (Mitte, ca. 5)

Nachkultur Ende August / Mitte September

Je 1 Reihe Rucola + Feldsalat + Asia-Salat (alle direkt säen)

Mit sechs bis acht Kopfsalaten ist eine Kiste randvoll. Bei rund vier Kulturen pro Jahr kann man also etwa 30 Salate ernten.

Schwarzerde anwenden

Für den Einsatz der Schwarzerde gibt es viele verschiedene Möglichkeiten. Probieren Sie selbst aus, welche Anwendungen sich für Ihre Gegebenheiten am besten eignen – ob für Blumen, Gemüse, Rasen, Bäume und Sträucher oder Zimmerpflanzen.

Stauden und einjährige Sommerblumen in Terra-Böden brauchen keinen Zusatzdünger mehr.

Schwarzerde für Garten, Balkon und Haus

Mit Schwarzerde können Sie in Ihrem Garten einen Terra-Preta-Boden aufbauen wie einst die Indios am Amazonas, dessen enorme Fruchtbarkeit sich selbst nach Jahrhunderten noch nicht erschöpft hat. Denn durch die vielseitigen Eigenschaften der Pflanzenkohle erhalten nicht nur die Pflanzen alle Nährstoffe, die sie für ihr Wachstum brauchen, sondern es wird auch das gesamte Bodenleben aktiviert. So entsteht ein gesunder Kreislauf im Boden, der in kurzer Zeit den Aufbau von wertvollem Dauerhumus bewirkt – ein Prozess, der mit herkömmlichem Kompost Jahrzehnte intensiver Bodenpflege erfordern würde.

Von den Vorteilen der Schwarzerde profitieren natürlich auch die Pflanzen im Hochbeet, ebenso Kübel- und Zimmerpflanzen oder Bäume und Sträucher. Einzige Ausnahmen sind Moorbeetpflanzen wie beispielsweise Rhododendron, Azalee oder Orchideen, die saure Erde (pH-Wert 4 bis 5,5) brauchen (Seite 26).

Wie Schwarzerde bei Zier- oder Nutzpflanzen jeweils am besten angewendet wird, erfahren Sie auf den folgenden Seiten.

Schwarzerde im Garten

Für die Ausbringung im Beet gibt es zwei Möglichkeiten: Bei der Flächenapplikation wird der gesamte Boden mit Schwarzerde versorgt, bei der Wurzelapplikation bringt man sie dagegen ganz gezielt nur in Wurzelnähe aus. Dafür ist zwar weniger Schwarzerde bei gleichem Wachstumseffekt erforderlich, durch den insgesamt geringeren Pflanzenkohleanteil wird jedoch weniger Humus aufgebaut. Diese Methode eignet sich vor allem dann, wenn Sie (noch) nicht genügend Schwarzerde für ein ganzes Beet zur Verfügung haben.

Gemüsebeet

- **Flächenapplikation:** Lockern Sie den Boden im Herbst nach dem Abräumen oder im Frühjahr vor dem Pflanzen bzw. vor der Aussaat, aber graben Sie nicht um (Seite 130)! Arbeiten Sie 5 bis 10 Liter Schwarzerde pro Quadratmeter oberflächlich ein, z. B. mit dem Rechen oder einer Harke, und bedecken Sie die Fläche möglichst mit einer Mulchschicht (Seite 131).

Eine Gründüngung, die im Herbst auf dem Beet bleibt, eignet sich ebenfalls als ideale Mulchschicht. Daneben bietet sie noch weitere Vorteile für den Boden (Seite 136).

Hier wird die im Frühjahr hergestellte Schwarzerde im Herbst auf die Beete ausgebracht und mit dem Rechen verteilt.

- **Wurzelapplikation:** Bei weitläufigen Pflanzen mit hohem Nährstoffbedarf, wie Kürbis, Zucchini oder Kohl, geben Sie etwa 0,5 bis 1 Liter Schwarzerde in das ausgehobene Pflanzloch. Mischen Sie diese mit etwas Gartenerde und säen Sie darauf bzw. setzen Sie die Jungpflanzen ein.

Vor einer Direktaussaat (z. B. Salat, Fenchel, Rettich, Lauch, Zwiebel, Mangold) sollten Sie etwa 2 cm hoch Schwarzerde in der Pflanzrille verteilen.

Tipp: Pflanzen mit sehr hohem Nährstoffbedarf wie Kürbis oder Tomaten sollten im Juli noch einmal eine Extraportion Schwarzerde bekommen: einfach zwei bis drei Handvoll Schwarzerde um die Stängel herum verteilen und leicht einarbeiten.

Blumenbeet

- **Flächenapplikation:** Den Boden im Herbst oder Frühjahr vor dem Austrieb bzw. vor einer Neupflanzung auflockern (Seite 130). Verteilen Sie 5 bis 10 Liter Schwarzerde pro Quadratmeter und arbeiten Sie diese leicht ein.

- **Wurzelapplikation:** Bei der Pflanzung von Stauden und ein- bzw. zweijährigen Sommerblumen geben Sie je nach Größe des Pflanzlochs 0,2 bis 0,5 Liter Schwarzerde in das Pflanzloch, mischen etwas ausgehobene Gartenerde unter und setzen die Pflanzen ein. Bedecken Sie freie Beetflächen nach Möglichkeit mit einer Mulchschicht (Seite 131).

Für alle Beetpflanzen, egal ob Einjährige, Stauden oder Rosen, ist ein Boden mit Schwarzerde ideal.

Eine Nacktschneckenplage ist nur außerordentlich schwer einzudämmen.

Der Anti-Schnecken-Effekt im Terra-Preta-Beet

Für viele Hobbygärtner ist die alljährliche Nacktschneckenplage eines der größten Ärgernisse und für manche sogar der Grund, warum sie das Gärtnern ganz aufgeben.

In den letzten Jahren haben wir die erstaunliche Erfahrung gemacht, dass die Schnecken in unseren Terra-Preta-Beeten von Jahr zu Jahr immer weniger wurden, obwohl sie bei Regen nach wie vor zahlreich auf der umliegenden Wiese zu finden sind.

Dieser Effekt lässt sich dadurch erklären, dass Nacktschnecken magisch von Fäulnis angezogen werden, wie man es häufig beim herkömmlichen Kompost sehen kann. Ist der Boden nicht ganz gesund, laufen solche Fäulnisprozesse auch im Beet ab und ziehen damit die Schnecken an. Durch Schwarzerde, eine möglichst schonende Bodenbearbeitung und die regelmäßige Anwendung von EM kommt der Boden nach und nach wieder ins Gleichgewicht, sodass man die Ursache der Schneckenplage behandelt und nicht nur das Symptom bekämpft.

Bäume, Obst- und Ziersträucher

- **Flächenapplikation:** Bei einem bestehenden Baumbestand verteilen Sie nach Bedarf am besten einmal jährlich im Frühjahr eine dünne Schicht Schwarzerde im Bereich der Baumscheibe Baumscheiben sollten nach Möglichkeit immer mit einer Mulchschicht bedeckt sein, z. B. mit Rasenschnitt (Seite 133).

  Verteilen Sie bei Obst- und Ziersträuchern im Herbst oder Frühjahr je nach Strauchgröße 0,5 bis 1 Liter Schwarzerde rund um die Basis und arbeiten Sie die Erde leicht ein.

- **Wurzelapplikation:** Bei einer Neupflanzung von Bäumen und Sträuchern heben Sie ein Pflanzloch in passender Größe aus (doppelt so groß wie der Wurzelballen), dabei sollten Sie die obere Bodenschicht vom oft steinigen Unterboden getrennt ablegen. Vermischen Sie den Oberboden im Verhältnis von ca. 6 : 1 mit Schwarzerde und setzen Sie den Strauch oder Baum ein (bei Bäumen zusammen mit Stützpfählen!). Dann füllen Sie das Pflanzloch mit der Schwarzerde-Mischung wieder auf und treten sie sehr gut fest. Formen Sie einen Gießrand und schlämmen Sie die Erde gründlich ein. Bei Bäumen sollten Sie die Baumscheibe während der ersten Jahre frei halten und möglichst mit einer Mulchschicht (Seite 130) bedecken.

Flächenapplikation bei bestehendem Baumbestand (oben) und Wurzelapplikation bei Neupflanzung (unten).

Rasen

Die typischen Schwachstellen beim Rasen sind Kümmerwuchs, kahle Stellen, Verfilzung und Moos. Verursacht werden sie in der Regel durch Nährstoffmangel, der oft die Folge eines gestörten Bodenlebens und zu niedrigen pH-Werts ist, aber auch durch Überdüngung sowie Bodenverdichtung und dadurch mangelnde Belüftung. Um den Rasen wieder aufzubauen und gesund zu erhalten, sind folgende Anwendungen sinnvoll:

Lassen Sie den Rasenschnitt nach dem Mähen (bis maximal 8 cm Höhe) ab und zu liegen. Er dient den Bodenlebewesen als Nahrung und wird oft schon innerhalb weniger Tage eingezogen. Dadurch nimmt das Bodenleben zu und der Stoffkreislauf beschleunigt sich.

Auch Moos wird durch eine Mulchauflage mit Rasenschnitt reduziert, da es meist an Stellen mit schlechten Bedingungen wächst: an schattigen Plätzen und auf nährstoffarmen oder sauren Böden, die durch ihren niedrigen pH-Wert die Nährstoffaufnahme der Graswurzeln hemmen.

Diese Mulchmethode lässt sich noch unterstützen: Den Rasen vor dem Mähen mit 2 bis 5 ml EM-a (1 : 200 mit Wasser verdünnt) pro Quadratmeter besprühen, das heißt für 100 qm Rasen sind 200 bis 500 ml EM-a erforderlich, verdünnt mit 40 bis 100 Liter Wasser. Bei kleinen Flächen reicht eine Gießkanne mit Tülle, bei größeren ist eine Rückenspritze oder ein Düngermischgerät für den Gartenschlauch sinnvoll (Seite 145).

Für eine langfristige Verbesserung von problematischen Rasenflächen den Rasen im Frühjahr am besten vertikutieren oder belüften und pro Quadratmeter zusätzlich 1 bis 2 Liter Schwarzerde - bei verdichtetem Boden eventuell mit etwas feinem Sand vermischt - auf dem Rasen verteilen. Auf diese Weise zieht die Schwarzerde besser ein und es baut sich kontinuierlich eine stabile Humusschicht mit aktivem Bodenleben auf.

Schwarzerde auf dem Balkon und in der Wohnung

In geschlossenen Gefäßen wie Blumenkästen oder Töpfen wird Schwarzerde vor dem Bepflanzen zuerst mit neutraler Erde vermischt. Davon profitieren sowohl Gemüse- als auch Zierpflanzen gleichermaßen.

Pflanzen in Kübeln und Balkonkästen

Mischen Sie je nach Nährstoffbedarf der Pflanzen (Stark-, Mittel- oder Schwachzehrer) die Schwarzerde im Verhältnis 1:2 bis 1:4 mit Garten- oder torffreier Universalerde im Pflanzgefäß und setzen Sie die Pflanzen ein.

Wenn Sie Ihre einjährigen Pflanzen im Herbst entsorgen, sollten Sie die im Gefäß verbliebene Schwarzerde aufheben. Die verbrauchten Nährstoffe lassen sich einfach mit einigen Handvoll frischer Schwarzerde oder fertig fermentiertem Bokashi (Seite 73) wieder auffüllen und Sie können die Erde erneut verwenden.

Starkzehrer wie Tomate, Gurke oder Paprika bzw. einjährige Sommerblumen wie Petunien oder Fuchsien brauchen während der Blütezeit im Juli noch einmal eine Extraportion Nährstoffe: Verteilen Sie je nach Gefäßgröße ein bis zwei Handvoll fertige Schwarzerde um die Pflanzen herum und gießen Sie, falls vorhanden, mit verdünntem Bokashi-Sickersaft (1:200) (Seite 75).

Umtopfen ist die beste Gelegenheit, um Zimmerpflanzen mit einer neuen Schwarzerde-Mischung zu versorgen.

Zimmerpflanzen

Mischen Sie bei einer Neupflanzung oder zum Umtopfen Schwarzerde und Blumenerde im Verhältnis 1:4 im Pflanzgefäß und setzen Sie die Pflanze wie gewohnt ein.

Hochbeet mit Schwarzerde und Bokashi

Hochbeete liegen schon seit Jahren im Trend, sei es im Garten oder auf der Terrasse, und das aus gutem Grund: Sie erwärmen sich schneller als ebenerdige Beete und können deshalb meist schon zwei bis drei Wochen früher bepflanzt werden. Außerdem wird der Rücken bei der Gartenarbeit geschont, und bei einem an den Standort angepassten Aufbau spielt auch das leidige Schneckenproblem meist keine große Rolle mehr.

Ein Hochbeet steht am besten in Nord-Süd-Ausrichtung, um die Sonnenwärme optimal zu nutzen. Bei einem Hochbeet auf einer Wiese bzw. Rasen sollten Sie ein engmaschiges Drahtgitter gegen Wühlmäuse unterlegen.

Dank der enormen Kraft der Schwarzerde lassen sich die positiven Effekte eines Hochbeets sogar noch verstärken: Die Pflanzen wachsen besser, sind gesünder und brauchen weniger Wasser. Fermentiertes Bokashi [Seite 73] eignet sich außerdem hervorragend als »Hochbeetheizung«.

So wird's gemacht

Die klassische Hochbeet-Befüllung besteht in der Regel aus mehreren Schichten von grob [z. B. Baum- und Strauchschnitt] über mittel [z. B. Laub, Rasenschnitt oder Rohkompost] bis fein [Pflanzerde]. Die unterste grobe Schichtung bringt Volumen und dient als Drainage und Belüftung. Beim Vererdungsprozess der mittleren Schichten entsteht Wärme und es werden Nährstoffe freigesetzt, die den Pflanzen in der obersten Schicht zugute kommen.

Ein großer Nachteil des Aufbaus mit grobem Material ist allerdings, dass die Füllung durch die stetige Verrottung der unteren Schichten jedes Jahr an Höhe verliert, sodass wieder neue Erde aufgefüllt werden muss, die mit der Zeit immer tiefer sackt [was bei wertvoller Schwarzerde pure Verschwendung wäre]. Ist der Vererdungsprozess dann nach fünf bis sechs Jahren endgültig abgeschlossen, wird das Hochbeet üblicherweise wieder neu befüllt.

In diesem Hochbeet sind die Kohlrabiblätter schon so groß, dass keine Mulchabdeckung mehr gebraucht wird (siehe Schattengare, Seite 135).

Ein weiterer Nachteil ist, dass bei der Rotte meist Fäulnisprozesse auftreten, die dann häufig Schnecken anlocken.

Bei einer Befüllung mit feinerem Material und Schwarzerde sowie – falls vorhanden – Bokashi entstehen dagegen nur geringe Volumenverluste. Die Erde muss auch nicht mehr ausgetauscht werden, sondern kann jährlich mit etwas neuer Schwarzerde oder Bokashi wieder aufgefrischt werden.

Das folgende Beispiel zeigt die Befüllung eines ca. 80 cm hohen Hochbeets:

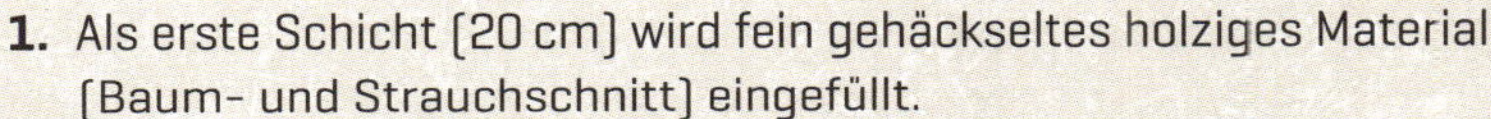

1. Als erste Schicht (20 cm) wird fein gehäckseltes holziges Material (Baum- und Strauchschnitt) eingefüllt.
2. Die zweite Schicht (20 cm) besteht aus Grünabfällen, Rasenschnitt oder Rohkompost.
3. Darauf kommt als dritte Schicht (20 cm) Gartenerde.
4. Als vierte Schicht (5 cm) ist Bokashi ideal. Bei einer Neuanlage im Frühjahr kann so der über den Winter gesammelte Bokashi-Vorrat optimal verwertet werden. Bei einem 2 qm großen Hochbeet entspricht dies etwa 100 Liter Bokashi. Wer kein Bokashi hat, ersetzt diese Schicht einfach durch Gartenerde.
5. Eine gute Pflanzerde bildet die fünfte Schicht (15 cm).
6. Zum Abschluss werden 2 cm Schwarzerde darauf verteilt.
7. Bei einem bestehenden Hochbeet im Frühjahr spätestens drei Wochen vor dem Bepflanzen eine etwa 3 bis 5 cm dicke Bokashi-Schicht einarbeiten oder 1 bis 2 cm frische Schwarzerde aufbringen und gut verteilen.

Tipp: Auch bei einem Hochbeet sollte die oberste Erdschicht möglichst nie unbedeckt sein. Daher am besten regelmäßig mulchen (Seite 131), bis die Erde durch die Pflanzen von selbst ganz bedeckt ist. Starkzehrer können außerdem nach Bedarf im Juni oder Juli noch einmal eine kleine Extraportion Schwarzerde bekommen.

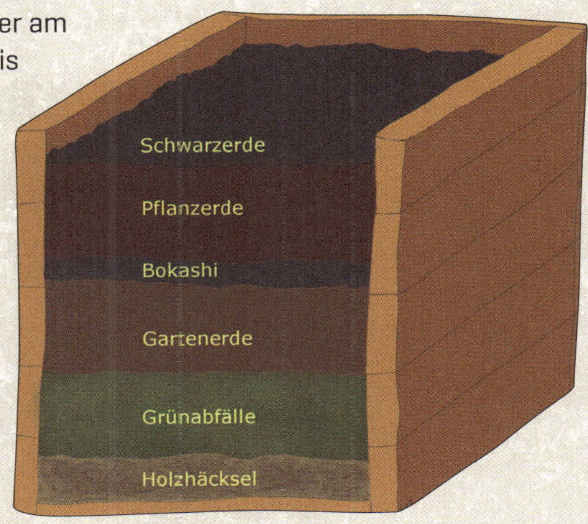

Mit dieser Schichtung entsteht ein ideales Terra-Preta-Hochbeet.

Vorziehen mit Schwarzerde und Effektiven Mikroorganismen

Mit der Papiertopfpresse kann man blitzschnell Anzuchttöpfchen herstellen, was besonders Kindern viel Spaß macht.

Bereits ab Februar können Sie im Haus mit der Anzucht der Jungpflanzen beginnen. Dieser Aufwand macht sich in Form eines Wachstumsvorsprungs bezahlt, der bei einigen Gemüsearten allerdings auch erforderlich ist, da ihre Vegetationszeit in unseren Breiten sonst zu kurz wäre.

Es gibt jedoch einige Ausnahmen, wie Zwiebeln, Möhren, Radieschen und Spinat, die am besten direkt gesät werden. Hier wäre das Vereinzeln zu aufwendig, außerdem überleben die empfindlichen Sämlinge das Auspflanzen ins Freie oft nicht. Auch Erbsen und Bohnen sollten nach den Eisheiligen (Mitte Mai) direkt gesät werden.

So wird's gemacht

- **Anzuchtgefäße:** Zur Anzucht eignen sich viele Gefäße wie etwa spezielle Mini-Gewächshäuser, Anzuchttrays, Pflanzschalen oder kleine Blumentöpfe, jeweils mit Abflusslöchern. Auch Eierkartons oder selbstgedrehte Papiertöpfe sind gute Alternativen, da die Jungpflanzen mitsamt »Topf« ins Beet gesetzt werden können.

- **Anzuchterde:** Im Handel werden spezielle Anzuchterden angeboten, die besonders nährstoffarm sind, damit die Keimlinge möglichst schnell starke Wurzeln ausbilden müssen. Sie enthalten in der Regel Torf oder Kokosfaser, die der Erde Struktur geben, sodass sie beim Gießen nicht verschlämmt.

Ideal für Keimlinge ist die Ergänzung mit Schwarzerde: Sobald die Wurzeln durch die Anzuchterde gewachsen sind, bekommen sie die dann benötigten Nährstoffe für ihr weiteres kräftiges Wachstum.

Die Sämlinge pflanzt man mit ihren Mini-Töpfen aus - so werden die Wurzeln nicht beschädigt.

1. Befüllen Sie das untere Drittel des Gefäßes mit Schwarzerde und verteilen Sie darauf zwei Drittel Anzuchterde.

2. Nun können Sie das Saatgut laut Anleitung säen. Bedecken Sie es nach Bedarf mit Anzuchterde (Licht- oder Dunkelkeimer beachten!) und besprühen Sie es mit EM-a (1 : 1000 mit Wasser verdünnt).

3. Stellen Sie das Gefäß mit Folie oder einem Kunststoffdeckel bedeckt an einen hellen, warmen Platz und halten Sie die Erde leicht feucht.

4. Entfernen Sie nach der Keimung die Abdeckungen und pikieren (vereinzeln) Sie die Sämlinge ab dem zweiten Blattpaar. Bei warmem Wetter können Sie die Jungpflanzen zum langsamen Abhärten tagsüber stundenweise ins Freie stellen. Bis zum vollständigen Auspflanzen ohne zusätzlichen Schutz vor Frost sollten Sie jedoch bis nach den Eisheiligen (Mitte Mai) warten.

Tipp: Zur Stärkung die Pflänzchen einmal wöchentlich mit EM-a 1 : 200 mit Wasser verdünnt besprühen.

Anzuchttermine für Gemüse

- **Anfang Februar:** Aubergine, Tomate, Paprika, Chili
- **Mitte/Ende Februar:** Salat, Sellerie, Lauch, Kohlrabi
- **Anfang März:** Salat, alle Kohlarten
- **Mitte/Ende März:** Zucchini, Kürbis, Gurke

Mitte/Ende Juni bekommen die inzwischen stark gewachsenen Tomatenpflanzen noch einmal eine Extraportion Schwarzerde.

Häufige Fragen und Antworten zur Anwendung von Schwarzerde

Kann man mit Schwarzerde auch überdüngen?
Im Beet eigentlich nicht. Trotzdem ist es nicht sinnvoll, zu viel Schwarzerde auf einmal auszubringen, z. B. das Zehnfache der empfohlenen Menge, da dies den Aufbau von Dauerhumus (Humifizierung, Seite 23) verhältnismäßig gesehen nicht wesentlich beschleunigt. Besser ist eine regelmäßige jährliche Versorgung der Beete mit Schwarzerde, so baut sich kontinuierlich ein immer reicherer Boden auf.

In einem geschlossenen Gefäß kann es dagegen zu einer Überdüngung kommen, weshalb man auf den Nährstoffbedarf der jeweiligen Pflanze achten sollte. Beispielsweise bringen selbst Starkzehrer wie Tomaten in hundertprozentiger Schwarzerde weniger Ertrag als in einer dreißigprozentigen Schwarzerde-Mischung.

Nimmt die Wirkung der Schwarzerde mit der Zeit ab?
Nein. Allerdings verbrauchen die Pflanzen je nach Stark- oder Schwachzehrer einen Teil der Nährstoffe, sodass diese wieder aufgefüllt werden müssen – etwa mit frischer Schwarzerde, Bokashi, Gründüngung und/oder durch eine kontinuierliche Mulchschicht.

Wie zeigt sich der Wasserspeicher-Effekt der Schwarzerde?
Je mehr Pflanzenkohle sich im Lauf der Zeit im Boden angereichert hat, desto weniger muss selbst bei großer Hitze gegossen werden. Vor allem, wenn der Boden mit einer Mulchschicht bedeckt ist, sind die tieferen Bodenschichten auch nach mehreren Wochen ohne Regen immer noch feucht. Auch im Kübel trocknet eine Schwarzerde-Mischung im Vergleich zu herkömmlichen Substraten weniger schnell aus, was vor allem bei Sommerblumen ein großer Vorteil ist.

Muss selbst hergestellte Schwarzerde vor dem Ausbringen gesiebt werden?
Wenn holziger Abfall vor dem Aufsetzen der Schwarzerde klein gehäckselt wurde, muss man nicht sieben. Andernfalls kann noch nicht vererdetes grobes Material problemlos mit ausgebracht werden, da es im Boden fertig vererdet. Nur bei sehr feinen Saaten (z. B. Karotten oder Zwiebeln) oder aus optischen Gründen (vor allem bei Zimmer- oder Kübelpflanzen) ist es ratsam, gröbere Stücke vorher auszusieben.

Kann man Bokashi und fertige Schwarzerde gleichzeitig anwenden?
Das ist natürlich möglich und sogar sinnvoll, da die Pflanzenwurzeln durch den räumlichen Abstand ja erst später vom Bokashi profitieren. Deshalb ist vor allem bei einer Neuanlage oder bei Starkzehrern eine Kombination mit etwas Schwarzerde sinnvoll.

Zeigt auch schon wenig Schwarzerde im Gartenboden eine Wirkung?
Bei sehr ausgehungerten oder sandigen Böden bringen schon geringe Mengen Schwarzerde (z. B. 2 Liter pro qm) einen deutlichen Soforteffekt. Aber auch bei bereits gut versorgten Böden wird ein Wachstumsunterschied sichtbar. Den größten Effekt erzielt man bei wenig verfügbarer Schwarzerde mittels Wurzelapplikation (Seite 94).

Welche Erde eignet sich als Beimischung zur Schwarzerde für Kübel-, Balkon- und Zimmerpflanzen?
Am besten verwendet man eine möglichst torffreie Universalerde. Aufpassen sollte man bei Pflanzen mit besonderen Bedürfnissen wie z. B. Zitruspflanzen, für die es Spezialerden gibt.

Wie oft kann man eine Schwarzerde-Mischung in einem Gefäß wieder auffrischen?
Schwarzerde lässt sich unbegrenzt auffrischen.

Pflanzenkohle und EM-a selbst herstellen

Wer viel Pflanzenkohle und Effektive Mikroorganismen braucht – ob für die Herstellung seiner Schwarzerde oder zur Pflanzenpflege –, kann auch diese Grundzutaten selbst herstellen. Wie es gemacht wird und was man dafür benötigt, wird auf den nächsten Seiten gezeigt.

Pflanzenkohle herstellen

Zertifizierte Pflanzenkohle ist die teuerste Zutat der Schwarzerde, sodass sich der Aufwand für die Selbstherstellung hier besonders lohnt. Um eine hochwertige Pflanzenkohle zu erhalten (Seite 37), sind mehrere Komponenten wichtig: das Ausgangsmaterial, der Pyrolyseofen und der richtige Ablauf.

Pflanzenkohle ist das Ergebnis einer unvollständigen Verbrennung von Biomasse. Wird z. B. Holz erhitzt, verdampft zunächst die im Holz enthaltene Restfeuchtigkeit. Danach treten gasförmige organische Stoffe aus, die sich entzünden. Entgegen dem optischen Eindruck »brennt« also nicht das Holz selbst, sondern nur das entweichende Holzgas. Durch die Hitze verkohlt das Holz nun allmählich. Wenn jetzt weiterhin reichlich Sauerstoff dazukäme, würde die Kohle vollständig zu Asche verglühen. Für die Pyrolyse ist es also wichtig, die Sauerstoffzufuhr so zu lenken, dass der Prozess mit der Verkohlung endet. Die Ausbeute bei einer gelungenen Pyrolyse beträgt 25 bis 30 Prozent des Ausgangsgewichts.

Umweltschutz und CO_2
Manchmal wird der Einwand geäußert, dass sich bei der Selbstherstellung von Pflanzenkohle viel umweltschädliches CO_2 entwickelt. Die Gesamtbilanz ist aber im Gegenteil sehr positiv: Bei der Pyrolyse bleiben etwa 50 Prozent des Kohlenstoffanteils der Biomasse dauerhaft in stabiler Form erhalten, während sich ohne Verkohlung das gesamte Material zersetzen würde und mittelfristig mehr als 99 Prozent des enthaltenen Kohlenstoffs in Form von CO_2 in die Atmosphäre gelangt.

Geeignete Ausgangsmaterialien

Grundsätzlich lässt sich jede Art von Biomasse verkohlen. Wichtig sind dabei die Art und Qualität des Ausgangsmaterials sowie dessen Größe und Wassergehalt.

Holz

Pflanzenkohle aus Holz hat die größte Oberfläche (Seite 34) und bringt am meisten Ausbeute. Außerdem entsteht kaum Rauch bei der Pyrolyse. Bei der Verwendung von Holz sind jedoch einige Punkte zu beachten:

Bei großen Holzscheiten muss man darauf achten, dass sie vollständig verkohlen. Ansonsten verwendet man sie beim nächsten Mal mit (oben). Gehäckselte Äste und Zweige sind im Kon-Tiki (Seite 113) nur als Beimischung geeignet (unten).

- **Feuchtigkeit:** Je geringer der Feuchtigkeitsgrad ist, desto besser verläuft der Pyrolyseprozess. Daher sollte man nur Holz mit einem Wassergehalt von deutlich weniger als 40 Prozent verwenden. Andernfalls kann die Verkohlung eventuell nicht vollständig ablaufen.

- **Rinde:** In Baumrinde sind durch Ablagerungen aus der Luft die meisten Schadstoffe in Form von Schwermetallen enthalten. Zudem erhöht Rinde den Ascheanteil in der Kohle. Daher sollte möglichst wenig Rinde verwendet werden.

- **Größe:** Hier unterscheidet man zwischen Stückholz (Holzscheiten) und Hackschnitzeln:
Holzscheite: Je dicker die Holzstücke sind, umso mehr Zeit nimmt der Pyrolysevorgang in Anspruch. Auch die Kontrolle, ob das Holz innen vollständig verkohlt ist, lässt sich nur schwer durchführen, sodass man die Pyrolyse eventuell zu früh stoppt. Zudem ist die spätere Zerkleinerung aufwendiger.
Holzhackschnitzel: Hier sollte man auf eine gute Qualität achten. Minderwertige Hackschnitzel enthalten viel feines Material und Rinden, die den Ascheanteil erhöhen.
Holzhackschnitzel sollten vor der Verkohlung grob gesiebt werden, um mögliche Steine oder Metall- und Plastikteile etc. zu entfernen.

Weitere organische Materialien

Auch andere Organik kann verkohlt werden, z. B. Strauch- und Baumschnitt, Laub, Grüngut, Erntereste (Spelzen, Stroh, Schalen), Trester und Pressrückstände (einen Verweis auf die Positivliste der laut EBC erlaubten Materialien finden Sie im Anhang auf Seite 174).
Allerdings ist hier die Prozessführung bei der Pyrolyse etwas schwieriger als mit Holz, dafür ist das Material umsonst und man kann seine Gartenabfälle sinnvoll verwerten:

Äste oder Zweige, die meist entsorgt werden, eignen sich sehr gut für die Pyrolyse.

- **Feuchtigkeit:** Da vor allem Grüngut und Erntereste aus dem Garten wegen der Blätter und Wurzelreste häufig sehr feucht sind, müssen sie vorher meist getrocknet werden.

- **Größe:** Bei feinem Material wie Blättern, Nadeln, Rinden und dünnen Ästen erhöht sich der Ascheanteil in der Pflanzenkohle.

- **Dichte:** Bei geringer Dichte (z. B. bei Schalen oder Hülsen) kann es sein, dass die Biomasse schnell verglüht und der richtige Zeitpunkt zum Beenden der Pyrolyse verpasst wird.

Ungeeignete Ausgangsmaterialien

- **Ungeeignete Holzarten:** Thuja (alle Sorten) und Eibe wegen ihrer giftigen Inhaltsstoffe.

- **Fauliges und stark brüchiges Holz:** Der Fäulegrad lässt sich durch einen einfachen Test bestimmen: Schlägt man einen Nagel durch das Holz und dieser bleibt nicht stecken, beträgt der Fäulegrad mehr als 10 bis 15 Prozent und das Material ist ungeeignet.

Auch wenn der Baum schön ist: Eibenholz sollte nicht als Ausgangsmaterial für Pflanzenkohle verwendet werden.

- **Kontaminiertes Material:** Holz und Biomasse, die mit Säuren, Pilzen, Ausscheidungen von Tieren, Lösungsmitteln, Schmier- und Treibstoffen verunreinigt sind.

- **Restmüll, Plastik** oder **Metallschrott**

Pyrolyse-Methoden

Eine Pyrolyse verläuft in mehreren Etappen: Entzünden des Ausgangsmaterials, kontinuierliches Befüllen des Pyrolyseofens mit weiterer Biomasse und Ablöschen der Pflanzenkohle mit Wasser (Quenchen). Anschließend wird die Pflanzenkohle getrocknet und je nach Größe des verwendeten Ausgangsmaterials zerkleinert.

Für die Selbstherstellung von Pflanzenkohle gibt es zwei Methoden: die Verkohlung in einem Doppelzylinder nach dem Holzvergaser-Prinzip und die Pyrolyse im Kon-Tiki, einem kegelförmigen Kessel aus Metall, bzw. in einer konisch geformten Erdgrube, dem Erd-Kon-Tiki. Für beide Methoden gilt:

- **Luftzufuhr:** Wichtig beim Verkohlungsprozess ist die Regulierung der Luftzufuhr. Je mehr Sauerstoff in den Pyrolyseofen gelangt, desto größer ist später der Ascheanteil. Andererseits steigt dadurch die Temperatur im Glutbereich deutlich an, wodurch der Verkohlungsprozess beschleunigt wird.

- **Vollständige Pyrolyse:** Sie sollte immer vollständig ablaufen, da sich sonst die Gefahr der Anreicherung von Dioxinen bzw. PAKs (polyzyklische aromatische Kohlenwasserstoffe) in der Pflanzenkohle durch die nicht vollständig verbrannten Gase erhöht. Vor allem bei Biomasse mit hoher Dichte (z. B. Eiche, Buche) dauert der Pyrolysevorgang länger als bei leichtem Material (z. B. Getreidespelzen). Deshalb sollte man möglichst gleichartiges Material in ähnlicher Stückgröße verwenden, da feines Material schon verglüht ist, ehe festere bzw. große Stücke verkohlt sind.

  Die Pyrolyse ist abgeschlossen, wenn sich auf der obersten Lage Biomasse eine dünne graue Ascheschicht gebildet hat; solange gelbe Flammen zu sehen sind, tritt noch Gas aus, das erst verbrennen muss, bevor die Kohle abgelöscht wird.

- **Ablöschen (Quenchen):** Wenn das Material verkohlt ist, wird es mit Wasser, möglichst in Trinkwasserqualität, abgelöscht. Wichtig ist, dass durch das Quenchen der Verkohlungsprozess vollständig gestoppt wird, da die Kohle sonst verglühen würde. Schon kleine Glutreste und eine entsprechende Luftzufuhr reichen, um die gesamte Pflanzenkohle erneut zu entzünden, vor allem, wenn große Stücke dabei sind. Ein trockenes Ablöschen ist zwar auch mit Erde, Sand oder in einem luftdicht verschlossenen Metallgefäß möglich, erhöht aber den Schadstoffanteil in der Kohle.

Trotz seines Ascheanteils ist das Quenchwasser glasklar.

Quenchen

Bei der Herstellung von Pflanzenkohle hat sich das Quenchen (engl. to quench = löschen) inzwischen als feststehender Begriff etabliert und bezeichnet den Vorgang, bei dem der Pyrolyseprozess durch Ablöschen beendet wird.

Bei einer richtig verlaufenen Verkohlung bleibt das Quenchwasser auch nach dem Ablöschen glasklar und ist durch den Ascheanteil sehr alkalisch, dazu leicht seifig und reich an Mineralien wie Kalium oder Magnesium. Laut einigen Anwendern kann man es im Gießwasser zur Pflanzenstärkung sowie gegen Pilzkrankheiten und Schädlinge verwenden.

Holzvergaser-Methode

Bei der geschlossenen Pyrolyse besteht der Ofen aus zwei unterschiedlich großen zylinderförmigen Behältern aus Metall, die ineinander gestellt werden. Der Abstand am oberen Rand zwischen den beiden Behältern wird durch einen ringförmigen Aufsatz abgedichtet. Den inneren Behälter befüllt man mit trockenem Material (Zweigen, Tannenzapfen etc.), das von oben angezündet wird.

Durch Löcher in beiden Behältern wird die Zirkulation der von innen austretenden Holzgase und der einströmenden Außenluft optimal gesteuert, sodass die Holzgase an der Oberseite des inneren Behälters rauchfrei verbrennen. Dadurch entsteht dort ein Flammen-

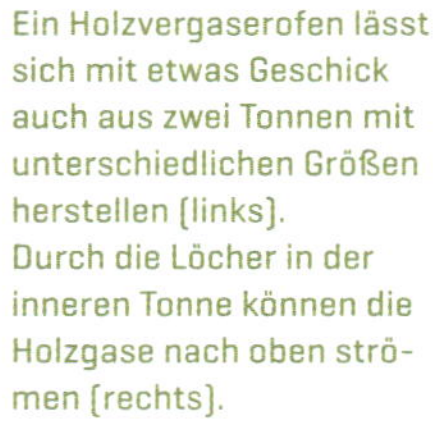

Ein Holzvergaserofen lässt sich mit etwas Geschick auch aus zwei Tonnen mit unterschiedlichen Größen herstellen (links). Durch die Löcher in der inneren Tonne können die Holzgase nach oben strömen (rechts).

teppich, der den Zustrom von zusätzlichem Sauerstoff von oben verhindert. Wenn sich auf der obersten Schicht des verkohlten Materials eine dünne weiß-graue Ascheschicht bildet, wird die Pflanzenkohle mit Wasser abgelöscht.

Holzvergaseröfen gibt es in unterschiedlichen Varianten, sie funktionieren aber alle nach dem gleichen Prinzip. Schon länger bekannt ist der Sampada-Ofen aus Indien (Seite 174), mit dem man im Freien kochen und gleichzeitig kleinere Mengen Pflanzenkohle herstellen kann. Als Brennstoff eignen sich z. B. Tannenzapfen, trockenes Laub, Nussschalen, Holzhäcksel oder dünne Ästchen. Ebenfalls bei uns erhältlich ist der Chantico-Terrassenofen in zwei Ausführungen (Seite 174), mit dem sich Pflanzenkohle in bester Qualität erzeugen lässt.

Darüber hinaus kann man mittlerweile im Internet zahlreiche selbst gebaute Modelle finden, entweder kleine Varianten aus Blechbüchsen oder größere Öfen aus Metalltonnen, für die teilweise auch Baupläne zur Verfügung gestellt werden.

Der Sampada-Ofen wurde in Indien entwickelt, um armen Familien ein Zusatzeinkommen durch den Verkauf von Pflanzenkohle zu ermöglichen.

Kon-Tiki-Methode

2014 entwickelten Hans-Peter Schmidt und Paul Taylor eine Technik, mit der sich während eines einzigen Pyrolysevorgangs größere Mengen Pflanzenkohle selbst herstellen lassen: einen kegelförmigen Ofen aus Stahl, den Kon-Tiki. Er wurde nach dem Schöpfer- und Feuergott der Inkas benannt, der auch Namensgeber für das berühmte Floß Kon-Tiki von Thor Heyerdahl war, mit dem diesem allen Zweiflern zum Trotz 1947 die Überfahrt von Peru nach Polynesien gelungen war.

Die konische Form des Kon-Tiki begünstigt eine ausgezeichnete Verbrennungsdynamik durch das perfekte Zusammenspiel von gegenläufigen Wirbeln, die durch die aufsteigenden Holzgase bei gleichzeitig nach unten strömender Außenluft über dem Glutbett entstehen. Außerdem wird die Hitze durch die Reflexion an den Stahlwänden gleichmäßig verteilt, was von einer zusätzlichen Ummantelung des Kon-Tiki noch unterstützt werden kann. Bei richtiger Prozessführung und durch die hohen Temperaturen (650° bis 700° C) entsteht nahezu rauchfrei eine Pflanzenkohle, deren Qualität dem EBC-Premium-Zertifikat entspricht (Seite 172). Einziger Nachteil bisher war, dass die während des Pyrolysevorgangs entstehende Energie verloren ging; erste Modelle zur Wärmerückgewinnung werden aber derzeit erprobt.

Die Konstruktionspläne für den Kon-Tiki-Ofen sind im Internet gegen eine freiwillige Spende für jeden zugänglich, der Ofen wird aber auch in unterschiedlichen Größen im Handel angeboten.

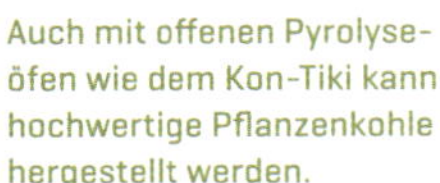
Auch mit offenen Pyrolyseöfen wie dem Kon-Tiki kann hochwertige Pflanzenkohle hergestellt werden.

Mittlerweile sind weltweit zahlreiche Varianten des Kon-Tiki entstanden, die alle nach dem gleichen Prinzip funktionieren, aber oft unterschiedliche Formen haben: Manche sind vier-, sechs- oder sogar achteckig, andere wiederum trichterförmig.

Auf dem unteren Foto hat der Kon-Tiki die Form einer abgeschnittenen Pyramide und wurde aus vier 3 mm dicken Stahlplatten zusammengeschraubt. Durch seine 30 x 30 cm große Öffnung steht er stabil auf dem Boden und das Quenchwasser versickert nach dem Ablöschen direkt ins Erdreich.

Andere Modelle haben einen direkten Wasseranschluss, bei denen das Wasser zum Ablöschen von unten einläuft und viel Wasserdampf nach oben aufsteigt. Das bewirkt eine Reinigung der Pflanzenkohleporen und eine erhebliche Vergrößerung der Oberfläche (deutlich über 300 m^2/g), wodurch die Kohle an Qualität gewinnt. Wird sie dagegen von oben gelöscht, findet eine weniger intensive Dampfaktivierung statt, das heißt, die Oberfläche der Pflanzenkohle bleibt entsprechend kleiner.

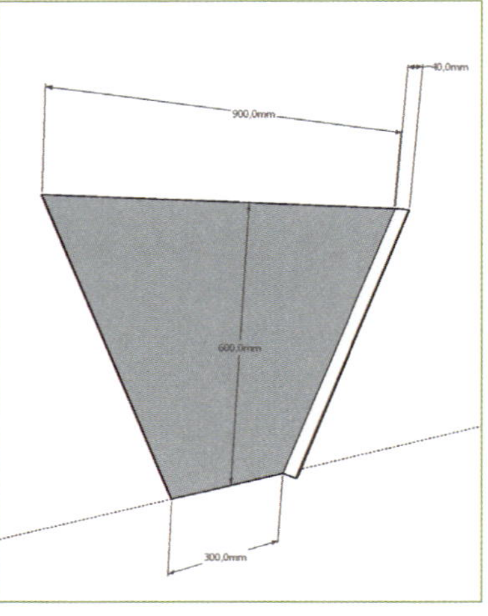

Die vier Seitenteile dieses Kon-Tiki ergeben zusammengeschraubt einen Neigungswinkel von 60 Grad (rechts).
Der einfache Kon-Tiki als Basismodell ohne Wasseranschluss hat nur etwa 150 Euro gekostet (links).

Pyrolysedauer im Kon-Tiki

Der Zeitaufwand für die Pyrolyse von 1 m³ Material beträgt bei trockenen, kleinen Holzstückchen etwa zwei Stunden, bei feuchtem, feinerem Strauchschnitt etwa fünf Stunden und bei frisch geschlagenem Holz mit Ästen und Blättern etwa acht Stunden.

Aufbau und Entzünden des Anzündkamins im Kon-Tiki

In diesem Stadium kann bald nachgelegt werden.

Über den Wasserzulauf wird die Pflanzenkohle von unten abgelöscht.

Ein eingebauter Kippmechanismus kann helfen, die abgelöschte Kohle leichter zu entnehmen.

Variante Erd-Kon-Tiki

Sehr einfach, aber ebenfalls funktional ist der Erd-Kon-Tiki, eine konische Erdgrube, wie sie schon vor Jahrtausenden zum Verkohlen oder als Gargrube zum Kochen verwendet wurde. Man kann sie ohne größeren Aufwand selbst ausheben, wobei als Faustregel gilt:

Tiefe = ½ Durchmesser sowie ein Neigungswinkel von etwa 60 Grad. Durch eine Einfassung mit Steinen, die einen guten Windschutz bieten, kann die Verbrennungsdynamik verbessert werden.

Anstelle von Wasser wird zum Ablöschen im Erd-Kon-Tiki manchmal auch Erde oder Sand verwendet, allerdings verläuft hier der

Bei einem Erd-Kon-Tiki mit einem Winkel von ca. 60 Grad und einer Steineinfassung als Windschutz verläuft die Verkohlung wie bei einem Metall-Kon-Tiki nahezu rauchfrei.

Ablöschprozess langsamer als bei Wasser, sodass die Pflanzenkohle mit mehr Schadstoffen belastet ist. Außerdem muss man hier beim Zerkleinern der Kohlestücke auf mögliche Steine und Erdreste achten.

Vorsichtsmaßnahmen bei der Pyrolyse

Die Pyrolyse im Kon-Tiki ist ein offenes Feuer, sodass einige Sicherheitsregeln eingehalten werden müssen:

- Verwenden Sie zum Anzünden auf keinen Fall Spiritus oder Benzin.
- Lassen Sie einen brennenden Kon-Tiki nie unbeaufsichtigt.
- Kinder müssen grundsätzlich vom Kon-Tiki ferngehalten werden.
- Halten Sie wegen der Strahlungshitze des Kon-Tiki mehrere Meter Abstand zu brennbaren oder hitzeempfindlichen Gegenständen.
- Ein Kon-Tiki ohne Ummantelung wird glühend heiß, deshalb die Metallteile nie anfassen und beim Nachlegen hitzeabweisende Handschuhe tragen.
- Halten Sie für den Notfall genug Wasser zum Löschen in Griffweite bereit (je nach Größe des Feuers Eimer oder Gartenschlauch).
- Löschen Sie die Pflanzenkohle immer gründlich ab, damit keine Glutnester übrigbleiben.

Was ist erlaubt?

Damit bei der Kohleherstellung kein Ärger mit den Nachbarn oder der Feuerwehr entsteht, sollte man sich vorher nach den geltenden feuerpolizeilichen Bestimmungen erkundigen, die je nach Land und Region sehr unterschiedlich sind. Ein Erd-Kon-Tiki könnte als offenes Feuer untersagt werden, während ein »Grillfeuer« im Metall-Kon-Tiki in der Regel kein Problem darstellen dürfte.

Praktische Tipps rund um die Pflanzenkohle-Herstellung

Josef S., der seit rund drei Jahren seine Pflanzenkohle für den Eigenbedarf selbst herstellt, berichtet über seine Erfahrungen mit dem Verkohlen im Kon-Tiki und der Erdgrube.

Was genau geschieht beim Verkohlungsprozess?
JS: Die Verbrennung des Holzes geschieht in zwei Schritten: Zuerst macht man ein kleines Feuer. Dieses Feuer erhitzt das zu verkohlende Holz in der näheren Umgebung. Dadurch treten nun die Holzgase aus, die sich entzünden. Umgangssprachlich heißt es dann zwar: das Holz brennt. Aber das ist eigentlich falsch, denn in Wirklichkeit brennen immer nur die austretenden Holzgase. Dieser erste Schritt endet dann mit der Verkohlung des Holzes. Danach beginnt die Veraschung durch das Verglühen der Kohle, was dadurch verhindert wird, dass man die Pflanzenkohle rechtzeitig ablöscht.

Der selbst gebaute Kon-Tiki hat die Form einer sechseckigen Pyramide. Neben einem praktischen Kippmechanismus zum Ausleeren des Behälters besitzt der Ofen einen Wasserzulauf für das Quenchen von unten.

Was geschieht dabei mit den schädlichen PAKs, den polyzyklischen aromatische Kohlenwasserstoffen?
JS: Bei einer optimalen Verkohlung bei hohen Temperaturen in der offenen Flamme entstehen diese giftigen PAKs zwar, werden aber als Teil der austretenden Holzgase vollständig verbrannt und bleiben nicht in der Pflanzenkohle zurück.

Eine offene Flamme braucht doch Sauerstoff. Pflanzenkohle entsteht aber nur in sauerstoffarmer Umgebung. Wie gelingt dann der wünschenswerte Effekt, dass die Holzgase zwar vollständig verbrennen, das Holz jedoch dabei nicht zu Asche wird?
JS: Das gelingt dadurch, dass sich über dem zu verkohlenden Holz ein Flammenteppich bildet. Anders als z.B. bei einem Lagerfeuer lässt man hier keine Luft von der Seite und von unten an das Holz heran, weil es durch die Seitenwand

Bei dieser frisch abgelöschten Pflanzenkohle kann man sehr gut die ursprüngliche Struktur des Holzstücks erkennen.

abgeschirmt ist. Auf diese Weise kann der Sauerstoff nur von oben kommen, dringt jedoch nicht durch den Flammenteppich, da er in den Flammen verbraucht wird. Deshalb kann die Kohle nicht verglühen.

Was passiert denn, wenn man Holz nachlegt?
JS: Dann steigt der Flammenteppich entsprechend nach oben, sodass er sich auch weiterhin über dem Holz befindet. Deshalb ist es wichtig, nicht alles Holz auf einmal in den Kon-Tiki oder die Erdgrube zu geben, sondern immer wieder kleinere Mengen nachzulegen, damit dem Flammenteppich ständig neu austretendes Holzgas zugeführt wird und dieser dadurch erhalten bleibt. Das hat zur Folge, dass die Pflanzenkohle in den tieferen Schichten bereits abzukühlen beginnt, während oben noch das Feuer brennt.

Wozu dann überhaupt ablöschen?
JS: Wenn der Flammenteppich ausgeht, weil kein neues Holz mehr nachgelegt wird, erreicht der Sauerstoff die noch glühende Pflanzenkohle an der Oberfläche mit der Folge, dass sie vollständig von oben nach unten durchglüht und alles zu Asche wird. Das lässt sich nur durch rechtzeitiges Ablöschen verhindern. Eine Erdgrube könnte man auch mit einer nassen Decke abdecken und mit Erde zuschütten, die Glut würde dann bis zum nächsten Tag verlöschen.

Gibt es einen qualitativen Unterschied zwischen dem Kon-Tiki und der Erdgrube?
JS: Meines Wissens nach gelingt das Verkohlen am besten im Kon-Tiki aus Stahl, weil sich das Metall dabei bis oben hin so stark erhitzt, dass auch das Holz am Rand vollständig ausgast. In der Erdgrube dauert es dagegen länger, bis sich die Erdwände genauso stark erwärmen, die Ergebnisse sind dann aber auch sehr gut.

Welche Ausgangsstoffe verwenden Sie zum Verkohlen?
JS: Hauptsächlich Holz – meistens alte Vorräte –, aber auch Material, das ich nicht so gern im Kompost habe, z. B. Rosen- oder Baumschnitt, oder was sich schwer häckseln lässt, wie verholzte dicke Strünke, oder Totholz aus dem nahen Wald.

Wie feucht darf das Material sein?

JS: Etwas feuchtes Material ist kein Problem, da ich überwiegend trockenes Holz nehme. Es liefert beim Verkohlen genug Hitze, um feuchtere Zutaten vorzutrocknen, bevor diese dann auch verkohlen.

Wie groß ist Ihre Volumenausbeute, gemessen am Ausgangsstoff Holz?

JS: Bei Holz dürfte die Ausbeute etwa um 40 bis 50 Prozent liegen, bei einer Mischung aus Holz und geeigneten Gartenresten sollte etwa ein Drittel übrig bleiben.

Füllen Sie den Kon-Tiki oder die Erdgrube beim Ablöschen komplett mit Wasser?

JS: Nein, das ist nicht nötig. Sobald es aufhört zu zischen, ist die Pflanzenkohle abgelöscht. Es dampft nur noch eine Weile.

Wie zerkleinern Sie die Pflanzenkohle anschließend?

JS: Dafür ist ein Häcksler optimal. Da die Kohle nach dem Ablöschen aber noch zu feucht ist, würde der Häcksler verstopfen, deshalb muss ich sie vorher etwas trocknen. Bei schönem Sommerwetter ist die Pflanzenkohle in zwei bis drei Tagen trocken genug. Sollte sie zu stark austrocknen, kann man sie einfach kurz mit der Gießkanne überbrausen, damit es beim Häckseln nicht staubt.

Was tun, wenn man keinen Häcksler hat?

JS: In dem Fall die Pflanzenkohle am besten auf einer harten Unterlage zerstampfen. Dafür sollte sie allerdings gut feucht sein, weil sie dann leichter bricht als trockene Kohle und außerdem nicht staubt.

Die Pflanzenkohle sollte zwar trocken, aber noch feucht genug sein, damit sie staubfrei zerkleinert werden kann.

Wie groß ist der Zeitaufwand für das Verkohlen?

JS: Bei meiner Erdgrube mit einer Ausbeute von drei Schubkarren etwa vier Stunden.

Welche Abmessungen hat Ihre Erdgrube?

JS: Entsprechend der Faustregel Tiefe = ½ Durchmesser. Meine Erdgrube ist ca. 140 cm breit und etwa 70 cm tief, der Boden der Grube hat einen Durchmesser von rund 40 cm. Die Wand sollte nämlich nicht zu flach, sondern eher steil sein (ca. 60 Grad). Ein Kegel, der unten spitz zuläuft, erschwert außerdem das Aufschichten des Anzündekamins. Wenn die Fläche am Boden des Kegels dagegen zu groß ist, entsteht anfangs nur schwer ein vollständiger Flammenteppich.

Wie entzünden Sie das Holz?

JS: Ich schichte einen Kamin aus möglichst gleich großen und dicken Längs- und Querhölzern auf, den ich dann von oben anzünde. Sobald er lichterloh brennt, werfe ich ihn um. Dann lasse ich das Holz richtig aufflackern und lege dann sehr behutsam immer wieder etwas neues Holz nach, damit der Flammenteppich möglichst wenig gestört wird. Man muss dem Feuer Zeit geben, sich richtig zu entwickeln. Wenn es bereits eine starke Hitzeentwicklung gibt, ist das Nachlegen weniger problematisch.

Was kann man denn sonst noch falsch machen?

JS: Mein größter Fehler war, einmal eine größere Menge Hackschnitzel in den Kon-Tiki zu schütten. Das Feuer ging daraufhin sofort aus. Zu feines Material verhindert das Austreten der Holzgase und das Feuer wird erstickt. Man braucht gröberes, sperriges Material, das im Kon-Tiki viele Hohlräume lässt. Ungeeignet ist auch zu dickes Scheitholz, weil die Verkohlung dann bis ganz nach innen unverhältnismäßig lange dauert und meist auch nicht vollständig ist. Am besten verwendet man für eine Füllung möglichst Holz mit gleicher Dicke und Feuchtigkeit.

Dieser Holzvergaser aus zwei Stahltonnen hat noch einen zusätzlichen Kaminaufbau als Windschutz.

Wie kann man diese beiden Materialien – Hackschnitzel und dickes Scheitholz – denn dann verkohlen?

JS: Am besten in einem geschlossenen Metallbehälter, der von außen erhitzt wird, wo das Material also nicht direkt mit den Flammen in Berührung kommt.

Ist es sinnvoll, einen Kon-Tiki aus Metall selbst zu bauen?

JS: Am aufwendigsten ist ein runder Kon-Tiki. Eine Sechseck-, Achteck- oder sogar eine einfache Vierkantform funktionieren aber genauso gut. Man kann die passend zugeschnittenen Stahlblechteile entweder zusammenschweißen oder sie von einem Spengler so umbiegen lassen, dass man sie miteinander verschrauben kann. Einen solchen nach unten offenen Kon-Tiki stellt man dann entweder auf den Boden oder setzt ihn in eine passende Erdgrube. Wichtig ist nur, dass der Kon-Tiki dicht mit dem Boden abschließt, damit von unten kein Sauerstoff eintreten kann - eine Betonplatte wäre nicht glatt genug, deshalb ist ein Platz mit Bodenkontakt besser, wo sich die Kanten unten mit Erde abdichten lassen. In einer Erdgrube steht er wiederum am stabilsten.

EM-a selbst herstellen

Auch Phlox, der anfällig für Mehltau ist, wird durch die Behandlung mit EM-a gestärkt.

Effektive Mikroorganismen (EM) sind eine Mischung aus verschiedenen natürlichen Mikroorganismen, die heute in vielen Bereichen eingesetzt werden: als Zutat in Baumaterialien und Keramikgeschirr, in Getränken zum Aufbau der Darmflora und in Produkten zur Körperpflege sowie bei zahlreichen Anwendungen im Haus, z. B. als Putz- und Waschmittel. Und natürlich auch im Garten bei der Fermentation von organischem Abfall, zur Herstellung von Schwarzerde (Seite 49) oder beim Kompostieren, zur Pflanzenstärkung (Seite 124) oder bei der Rasen- und Teichpflege. In der Landwirtschaft (Seite 152) dient ihr Einsatz vor allem der Tiergesundheit, z. B. als Futtermittelzusatz und bei der Stallhygiene. EM werden aber auch zur Gülleaufbereitung und Haltbarmachung von Silage verwendet.

EM bestehen aus verschiedenen Milchsäurebakterien, Hefen und Fotosynthesebakterien (Seite 172) und sind als so genannte Urlösung erhältlich – je nach Hersteller wird sie auch als Starterkultur, EM1, Stammlösung oder Basislösung bezeichnet –, die als Grundlage für die Vermehrung der EM dient. Die vermehrten (»aktivierten«) EM sind genauso wirksam, aber sehr viel preiswerter als die Urlösung und werden gebrauchsfertig ebenfalls von mehreren Herstellern angeboten. Je nach Zusammensetzung sind sie unter verschiedenen Namen wie EM-aktiv oder aktivierte EM erhältlich, werden aber alle nach dem gleichen Prinzip und mit den gleichen Grundzutaten hergestellt: EM-Urlösung – Zuckerrohrmelasse – Wasser.

Diese aktivierten EM (abgekürzt EM-a) sind eine dunkelbraune Flüssigkeit und eignen sich für etwa 90 Prozent aller Anwendungsmöglichkeiten. Daneben gibt es aber auch helles EM-a, bei dem anstelle der schwarzbraunen Zuckerrohrmelasse Honig, heller Gerstenmalz- oder Reissirup verwendet wird und das man vor allem im Haus nutzt, da es beim Versprühen keine Farbspuren hinterlässt. Darüber hinaus gibt es aktivierte EM mit weiteren Zutaten wie etwa Knoblauch, Chili, Pfeffer oder Kräutern.

Kaufen oder selbst herstellen?

Aktivierte EM (EM-a) sind nicht teuer (3 bis 6 Euro/Literflasche), zumal sie meist stark verdünnt angewendet werden. Selbst gemachtes EM-a kostet allerdings je nach Bezugsmenge der Zutaten nur ungefähr 1 Euro/Liter, sodass es sich empfiehlt, den eigenen Bedarf vor der Entscheidung, ob Kauf oder Selbstherstellung, in etwa abzuschätzen. Bei einem Garten mit großer Rasenfläche und vielen Pflanzen ist das selbst gemachte EM-a bei regelmäßiger Anwendung sicher die günstigere Option, ebenso, wenn EM-a auch häufig im Haus genutzt wird, z. B. für das Küchen-Bokashi, beim Putzen oder zur Stärkung der Zimmerpflanzen. - Die Methode ist sehr einfach:

- **EM-a (dunkel):** 3 Prozent Urlösung wird mit 3 Prozent Melasse und 94 Prozent Wasser vermischt und für sieben bis zehn Tage bei 33 bis 37° C anaerob (unter Luftabschluss) fermentiert.

- **EM-a (hell):** 3 Prozent Urlösung wird mit 2 Prozent Gerstenmalzsirup und 95 Prozent Wasser vermischt und auf die gleiche Weise fermentiert.

Das folgende Beispiel zeigt die Herstellung von 5 Liter EM-a in einem 5-Liter-Kanister oder alternativ in einem 5-Liter-Eimer; andere Mengen müssen entsprechend angepasst werden.

Das Zubehör

- 30-Liter-Eimer mit Deckel
- 5-Liter-Topf (Edelstahl)
- Messbecher
- Rührlöffel (Holz)
- lebensmittelechter 5-Liter-Kanister mit Entgasungsdeckel oder lebensmittelechter 5-Liter-Eimer mit Deckel und Gärröhrchen
- Heizstab aus Glas (bis 35° C) für Aquarien
- Bade- oder Aquarienthermometer mit genauer Skalierung (bis 50° C)
- fünf lebensmittelechte 1-Liter-Flaschen aus Kunststoff mit Deckel
- Trichter zum Abfüllen des fertigen EM-a
- Decke zum Warmhalten
- kälteisolierende Unterlage (z. B. Schaumstoff oder Styropor)
- Teststreifen zum Messen des pH-Werts (pH-Bereich 3,0 bis 4,5)

Zutaten für EM-a

Für die häufige Herstellung von EM-a lohnt sich eventuell die Anschaffung eines professionellen Fermenter-Sets, das in verschiedenen Größen von 2 bis 1000 Liter mit allem nötigen Zubehör angeboten wird. Fermenter können aber auch sehr gut aus den oben genannten Materialien zusammengestellt werden: 1 Liter EM-Urlösung + 1 Liter Zuckerrohrmelasse + 31 Liter Wasser ergeben 33 Liter EM-a.

Bei größeren Mengen ist die Anschaffung von EM-Urlösung und Melasse auf jeden Fall günstiger als fertiges EM-a. Auch die Kosten für das Zubehör halten sich in Grenzen.

Für 5 Liter EM-a benötigen Sie:

- 150 ml EM-Urlösung
- 150 ml Zuckerrohrmelasse
- ca. 4,7 Liter Wasser für die Mischung (das Wasser sollte qualitativ hochwertig und chlorfrei sein; im Zweifel das Wasser einen Tag stehen lassen oder EM-Keramik-Pipes zugeben, Seite 172)
- handwarmes Wasser für das Wasserbad im 30-Liter-Eimer

So wird's gemacht

1. Kochen Sie 1 Liter Wasser im Topf auf und lassen Sie es auf etwa 70° C abkühlen. 150 ml Zuckerrohrmelasse im Messbecher abmessen, etwas von dem heißen Wasser zugeben, die Melasse unter Rühren darin auflösen und alles zum übrigen Wasser in den Topf geben. Nochmals kräftig umrühren.

2. Fügen Sie so viel lauwarmes Wasser zu (etwa 3 Liter), bis das Wasser im Topf ca. 35° C warm ist.

3. Rühren Sie 150 ml EM-Urlösung unter und gießen Sie die Mischung in den Kanister oder den 5-Liter-Eimer.

4. Das restliche Wasser (ca. 0,7 Liter) für die Mischung auf etwa 35° C erwärmen und in den Kanister oder Eimer füllen. Schließen Sie den Kanister mit dem Entgasungsdeckel oder legen Sie den Deckel auf den Eimer. Setzen Sie das mit Wasser gefüllte Gärröhrchen so in den Deckel ein, dass es nicht mit dem EM-a in Berührung kommt.

5. Den Kanister oder Eimer stellen Sie in den großen Eimer.

6. So viel lauwarmes Wasser in den großen Eimer füllen, dass der Kanister oder Eimer stabil darin steht (ungefähr ein Drittel Füllhöhe).

7. Stellen Sie den Heizstab auf 35° C ein, legen Sie ihn in das Wasserbad im großen Eimer, sodass er immer vollständig mit Wasser bedeckt ist, und führen Sie das Kabel nach außen. Das Thermometer ebenfalls hineinlegen und den Deckel auf den Eimer setzen.

8. Den Eimer auf der Unterlage an einen warmen Ort stellen, mit der Decke umwickeln und den Heizstab anschließen. Die Umgebung sollte möglichst frei von Elektrosmog sein (z. B. Handy-Funknetz bzw. WLAN oder DECT-Telefon). Das Wichtigste für eine erfolgreiche EM-Vermehrung ist jetzt eine gleich bleibende Temperatur, die Sie regelmäßig kontrollieren sollten.

9. Überprüfen Sie nach sieben bis zehn Tagen den pH-Wert mit einem pH-Teststreifen: Er sollte im Minimum 3,2 bis maximal 3,9 betragen. Bei einem pH-Wert über 3,9 ist der Ansatz misslungen und muss entsorgt werden. Das fertige EM-a riecht säuerlich-fruchtig. Manchmal hat sich auch eine helle Hefeschicht gebildet, die ebenfalls ein Zeichen für eine gelungene EM-Vermehrung ist.

10. Füllen Sie das EM-a mit dem Trichter randvoll in die Flaschen. Diese gut verschließen und an einen dunklen Platz stellen, am besten bei einer Lagertemperatur von 8 bis 20° C (z. B. in der Kühlschranktür).

Tipp: EM-a hält sich in angebrochenen Flaschen deutlich länger, wenn es mit möglichst wenig Luft in Kontakt kommt. Dafür die Flasche nach jeder Entnahme am Bauch zusammendrücken, sodass die Flüssigkeit dabei bis fast zum Rand gedrückt wird, und den Deckel wieder fest zuschrauben.

EM-a im Garten anwenden

Am besten immer zuerst das EM-a in die Gießkanne einfüllen und dann erst mit Wasser aufgießen, damit sich alles gut vermischt.

- zur allgemeinen Pflanzenstärkung: Die Pflanzen vom zeitigen Frühjahr bis zum Spätherbst einmal wöchentlich mit verdünntem EM-a gießen; in Hitzeperioden möglichst bei bedecktem Himmel oder am frühen Abend.
  - bestehende Pflanzungen: EM-a 1 : 200 mit Wasser verdünnen (= 50 ml EM-a : 10 Liter Wasser)
  - neue Pflanzungen: EM-a 1 : 500 (= 20 ml EM-a : 10 Liter Wasser)
- bei Schädlingsbefall und Pflanzenkrankheiten: einmalig EM-a 1 : 100 gießen (= 100 ml EM-a : 10 Liter Wasser) sowie einmal wöchentlich die Blätter mit EM-a 1 : 10 (= 100 ml EM-a : 1 Liter Wasser) besprühen (auch die Blattunterseiten!)

Zum Sprühen von verdünntem EM-a eignet sich am besten ein Sprühgerät, mit dem man auch an die Blattunterseiten gelangt.

- zum Beizen von Samen und Zwiebeln: Anstatt Blumenzwiebeln und Samen mit chemischer Beize zu behandeln, um Pilzbefall vorzubeugen, kann man sie mit EM-a besprühen (1:500 = 20 ml EM-a : 10 Liter Wasser); im Herbst Frühjahrsblüher wie Tulpen oder Narzissen bzw. überwinternde Dahlienknollen, im Frühjahr Steckzwiebeln, Kartoffeln oder Gladiolen.
- im Stapelkompost (Seite 50)
- für das Küchen-Bokashi (Seite 73)
- im Garten-Bokashi (Seite 76)
- im Rasen-Bokashi (Seite 77)
- zum Mulchen (Seite 131)
- zur Rasenpflege (Seite 98)
- für Pflanzenjauchen (Seite 142)
- zur Pflanzenanzucht (Seite 102)

Tipp: Bei sämtlichen Anwendungen im Garten und bei der Pflanzenpflege im Haus können Sie dunkles EM-a verwenden, das etwas günstiger in der Herstellung ist.

Bis in den Herbst hinein kann EM-a auf den Beeten verteilt werden. Erst unter 5° C gehen die Mikroorganismen in eine Art Winterruhe.

EM-a im Haus anwenden

Für manche Zwecke verwendet man am besten helles EM-a, damit es beim Sprühen keine Flecken hinterlässt. Beide EM-a haben jedoch die gleiche hygienisierende Wirkung.

- **Putzen** (Böden, Fliesen, Spiegel): 100 ml EM-a in 10 Liter Putzwasser geben (1:100). Die Staubbildung wird reduziert, glatte Oberflächen verschmutzen weniger schnell, das Raumklima wird insgesamt besser und die Krankheitsanfälligkeit durch Keimbelastung lässt nach. In öffentlichen Gebäuden (Schulen, Büros, Krankenhäuser) wurde festgestellt, dass sich die Zahl der Fehltage durch regelmäßiges Putzen mit EM-a deutlich reduziert hat.
- **Fensterreinigung:** Mit EM-a 1:100 die Glasflächen besprühen.
- **Kühlschrank:** Mit EM-a 1:100 den Kühlschrank aussprühen.
- **Herd:** EM-a pur aufsprühen und einwirken lassen. Öl- und Fettreste können danach leichter entfernt werden.
- **Wäschepflege:** 20 ml helles EM-a pro Waschgang zugeben. Es löst Ablagerungen in der Waschmaschine und die Wäsche duftet frischer.
- **Abflussreinigung / Toilette:** EM-a pur über Nacht einwirken lassen. Es wirkt gegen schlechte Gerüche und Ablagerungen.
- **Geruchsbindung** (Nikotin, Schuhschrank, Essensgerüche, Tiere, Toilette etc.): Helles EM-a 1:100 im Raum bzw. an den betreffenden Stellen versprühen.
- **Schimmelvorbeugung:** Mit hellem EM-a 1:100 die gefährdeten Stellen besprühen.
- **Schimmelbehandlung:** Befallene Stellen zuerst mit hochprozentigem Alkohol reinigen (Handschuhe und Mundschutz dabei verwenden!), danach helles EM-a 1:50 aufsprühen und einwirken lassen.

Häufige Fragen und Antworten zu EM und EM-a

Warum wird EM-a je nach Hersteller in unterschiedlichen Zusammensetzungen angeboten?
Die drei essenziellen Ausgangsstoffe von EM-a sind Effektive Mikroorganismen, Zuckerrohrmelasse (bzw. Gerstenmalzsirup bei hellem EM-a) und Wasser. Alle anderen Zutaten wie Obstessig, Knoblauch, Kräuter, Chili, Meersalz, Greengold (ein homöopathisches Präparat) oder EM-Keramikpulver bzw. EM-Keramikpipes sind variabel und werden je nach Verwendungszweck zugefügt.

Eignet sich EM-a auch für Zimmerpflanzen?

Ja. Am besten einmal pro Monat in der gleichen Verdünnung wie für Beet- oder Kübelpflanzen gießen oder sprühen.

Wie lange ist EM-a haltbar?

Ungeöffnet kann EM-a mindestens ein Jahr an einem kühlen dunklen Platz gelagert werden. Geöffnet und im Kühlschrank aufbewahrt kann man es noch mindestens acht Wochen verwenden. Um die Haltbarkeit von geöffnetem EM-a zu verlängern, sollte man vor dem Wiederverschließen durch leichtes Zusammendrücken der Flasche möglichst viel Luft verdrängen.

Nach unserer Erfahrung ist EM-a – geöffnet oder verschlossen – wesentlich länger haltbar als die gängigen Empfehlungen. Solange das EM-a säuerlich-fruchtig riecht und der pH-Wert stimmt, ist es nach wie vor wirksam.

Wie lange ist die EM-Urlösung haltbar?

An einem dunklen Platz bei 8 bis 20° C und weitgehend konstanter Temperatur ist die dunkelbraune Urlösung (sie hat einen pH-Wert von 3,3 bis 3,6) jahrelang haltbar. Die Flaschen sollten außerdem möglichst wenig bewegt werden.

Je besser die Luft aus der geöffneten Flasche vor dem Verschließen herausgedrückt wird, desto länger bleibt das EM-a frisch.

Woran erkennt man, ob das EM-a noch gut bzw. schon verdorben ist?

Am Geruch. Wenn EM-a kippt, beginnt es faulig zu riechen und der pH-Wert liegt nicht mehr im stark sauren Bereich.

Braucht man zur Herstellung von EM-a eine bestimmte Urlösung?

Nein. Alle Ur- oder Stammlösungen der gängigen EM-Hersteller eignen sich als Basis für die Herstellung von hochwertigem EM-a.

Kann man EM-a weiter vermehren?

Bei unempfindlichen Anwendungen, z. B. EM-a zum Putzen, ist es im Prinzip möglich, auch ein bereits vermehrtes EM-a bei genauem Einhalten der einzelnen Arbeitsschritte zu vermehren. Trotzdem ist es ratsam, immer EM-Urlösung zu verwenden, da die Konzentration der Mikroorganismen bei jedem Vermehren nachlässt.

Nachhaltige Bodenpflege

In diesem Kapitel zeigen wir sinnvolle Methoden, die zusammen mit Schwarzerde den Aufbau und Erhalt eines lebendigen Terra-Preta-Bodens unterstützen. Orientiert man sich dabei an den Vorgängen in der Natur, entsteht ein gesundes Gleichgewicht und die Gartenarbeit wird leichter.

Schonende Bodenbearbeitung

Erste und wichtigste Maßnahme zum Aufbau und zur Erhaltung eines gesunden Bodens ist die richtige Bearbeitung. Bis vor relativ kurzer Zeit war das Umgraben bzw. Umstechen der Beete im Spätherbst und Frühjahr noch übliche Praxis – mit gravierenden negativen Folgen: Durch Umgraben wird die Humusschicht mit ihrer Krümelstruktur ebenso gestört wie die Regenwurmröhren und ihre Bewohner. Auch andere Organismen, die Dunkelheit und konstante Temperaturen brauchen, werden dabei an die Oberfläche befördert, wo sie schlimmstenfalls absterben, während diejenigen Kleinstlebewesen, die Sauerstoff benötigen, beim Umgraben in die unteren anaeroben Bodenschichten gelangen.

Eine sanfte Bearbeitung ist die Voraussetzung für ein vitales Bodenleben.

Zur Wiederherstellung des gestörten Gleichgewichts benötigt der Boden viel Energie, die den Pflanzen dann fehlt. Aus diesem Grund sollte möglichst wenig in das Bodenleben eingegriffen werden. Allerdings brauchen vor allem schwere Böden nach dem Winter oft eine Lockerung, was sich am besten durch gleichmäßiges Einstechen mit einer Grabegabel in die Erde bewerkstelligen lässt (Seite 144). Dafür sollte der Boden in geringen Abständen einmal quer und einmal längs Reihe für Reihe eingestochen und durch leichtes Rütteln gelockert werden. Auf diese Weise bleibt die Bodenschichtung erhalten und das Bodenleben wird nicht mehr als unbedingt nötig gestört.

Generell sollte man außerdem so wenig wie möglich über Beetflächen laufen, sondern stattdessen Trittsteine oder Wege anlegen, damit es nicht zu Verdichtungen kommt – ein großes Problem in der Landwirtschaft, das unter anderem durch die tiefe Bodenbearbeitung mit schweren Maschinen verursacht wird.

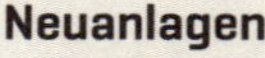

Neuanlagen

Wird ein Beet neu angelegt, reicht die oberflächliche Bearbeitung in der Regel nicht aus und es muss tief umgegraben werden. In diesem Fall sollte man die Bodenlebewesen besonders großzügig mit Schwarzerde oder Kompost sowie regelmäßig mit einer Mulchschicht versorgen, damit sie die natürliche Ordnung der zerstörten Bodenstruktur möglichst schnell wiederherstellen.

Mulchen: Bodenschutz und Humusaufbau

Zweitwichtigste Maßnahme zur Erhaltung eines gesunden Bodens ist neben der schonenden Bearbeitung regelmäßiges Mulchen, das heißt die ständige Bodenbedeckung mit organischem Material. Diese Methode bringt eine Vielzahl von positiven Effekten mit sich:

- Durch die Organik wird Würmern und anderen Mikro- und Makroorganismen immer frisches »Futter« geboten: Bei einem aktiven Bodenleben ist eine ca. 3 cm dicke Schicht aus Grasschnitt in drei bis vier Wochen vollständig im Boden »verschwunden«. Und da das Bodenleben durch regelmäßiges Mulchen zunimmt, beschleunigt sich dieser Prozess mit der Zeit sogar noch.

- Ein gemulchter Boden trocknet nicht aus, da er das Wasser besser speichert, sodass sich die Bodenfeuchtigkeit um ca. 50 Prozent erhöht. Andererseits macht ihm Starkregen nichts aus, der bei unbedecktem Boden die Erde verschlämmt und verdichtet.

- Eine Mulchschicht verhindert direkte Sonneneinstrahlung mit nachfolgender Riss- und Krustenbildung, was in Verbindung mit starkem Wind zu Erosion und damit zu Humusverlust führt. Das heißt, regelmäßiges Mulchen bringt mittel- und langfristig einen deutlichen Humuszuwachs, während ungemulchte Böden auf Dauer Humus verlieren - eine Erkenntnis, die inzwischen auch in der Landwirtschaft erfolgreich umgesetzt wird.

- Ein weiterer positiver Effekt des Mulchens ist, dass Wildkräuter durch eine konstante Mulchschicht zwar nicht vollständig unterdrückt, aber durch den Lichtmangel zumindest in ihrem Wachstum gehemmt werden.

Diese Salatpflänzchen wurden direkt in den Mulch gesetzt.

- Außerdem unterliegen gemulchte Böden weniger starken Temperaturschwankungen: Im Sommer kann der Unterschied zwischen den Tag- und Nachttemperaturen an der Oberfläche bei ungemulchten Böden bis zu 40° C betragen, bei bedeckten Böden sind es dagegen nur maximal 8° C. Auch die Frostperioden im Boden dauern kürzer und der Frost reicht nicht so tief: In einem gemulchten Boden ist es in 10 cm Tiefe deutlich wärmer als in einem unbedeckten Boden.

- Darüber hinaus ist eine Mulchschicht für Terra-Preta-Böden eine gute Möglichkeit, den Pflanzenkohlespeicher wieder mit frischen Nährstoffen aufzuladen.

Der ewige Kreislauf im Wald

Nirgendwo lässt sich der perfekte Kreislauf der Natur besser beobachten als im Wald, wo der Boden zu keiner Zeit unbedeckt ist: So, wie die Bäume und andere Waldpflanzen ihre Kraft aus dem Boden schöpfen, geben sie ihre abgestorbenen Blätter, Äste, Rinden und Wurzeln wieder an ihn ab, wo die Mikroorganismen, Würmer und Bodenpilze die Organik in neuen Humus umwandeln. Nur dort, wo man in die Natur eingreift und diesen Kreislauf unterbricht, geht Humus auf lange Sicht verloren und es entstehen Erosion, Versteppung und schließlich Wüste. Mulch ist eine der besten Möglichkeiten, uns diesem Kreislaufsystem wieder anzunähern.

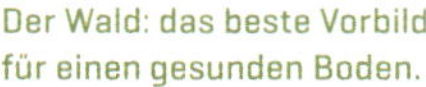

Der Wald: das beste Vorbild für einen gesunden Boden.

Geeignetes Mulchmaterial

Zum Mulchen eignen sich fast alle organischen Materialien, die je nach Größe und Art vor dem Ausbringen zerkleinert werden müssen:

- frischer Rasenschnitt
- Rasen-Bokashi [Seite 77]
- Gründüngungspflanzen [Seite 136]
- Brennnesseln und andere Wildkräuter
- Heu
- Stroh
- Stauden- und Erntereste
- Holzhäcksel [z. B. aus Strauchschnitt]
- Laub
- Rindenmulch
- Rindenhumus

Ungeeignet sind faulige Abfälle oder Milchprodukte und Fleischreste, die Tiere anziehen können.

Folgende Materialien sollten nur unter bestimmten Voraussetzungen verwendet werden:

- Rasenschnitt kann dann problematisch werden, wenn er nicht gleich zum Mulchen verwendet wird, als Bokashi ist er dagegen monatelang stabil.

- Holziges Material, bei dem das C/N-Verhältnis sehr weit ist [Seite 56], sollte vor dem Ausbringen mit etwas stickstoffreichem Material gemischt werden [z. B. grüne Gartenabfälle, Urin oder Mist]; andernfalls würde es dem Boden den zur Umsetzung benötigten Stickstoff entziehen.

- Pflanzen wie Brennnesseln oder andere Wildkräuter sollten weder blühen noch Samen tragen.

- Das Laub von Eiche und Nussbäumen verrottet nur langsam und enthält viel Gerbsäure. Es sollte deshalb vorher klein gehäckselt und nur in der Nähe von säureliebenden Pflanzen wie beispielsweise Rhododendron, Azalee oder Heidelbeere verwendet werden.

Bei der Verwendung von Rindenmulch sollte man auf ausreichend Stickstoff achten.

- Rindenmulch, der zwar aus optischen Gründen sehr beliebt, aber nicht selten mit Cadmium belastet ist, wird meist aus der Rinde von Nadelbäumen hergestellt und entzieht – da holzig – dem Boden bei der Umsetzung Stickstoff. Seine Gerbstoffe und Harze unterdrücken zwar das Wachstum der Wildkräuter, viele Neupflanzungen und Gemüse reagieren allerdings empfindlich auf Rindenmulch.
- Besser verträglich ist Rindenhumus, das heißt bereits umgesetzter Rindenmulch, der dem Boden keinen Stickstoff mehr entzieht.

Mulch und Schnecken

Oft wird auf das Mulchen verzichtet aus Furcht, dadurch Schnecken anzulocken. Dieses Problem entsteht aber nur dann, wenn das Mulchmaterial im Beet zu faulen beginnt. Zur Vorbeugung sollte man deshalb eine frische Mulchschicht gleich nach dem Ausbringen mit etwas verdünntem EM-a gießen (nicht nötig bei fermentiertem Rasen-Bokashi).

So wird's gemacht

Beim Mulchen gibt es keine klaren Regeln, da Häufigkeit und Schichtdicke von mehreren Faktoren abhängig sind: Bei sandigen Böden z. B. kann eine dickere Mulchschicht ausgebracht werden als bei einem schweren Lehmboden; dazu kommen die Bedürfnisse

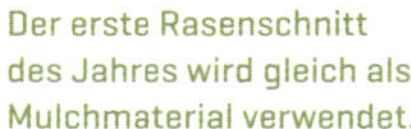

Der erste Rasenschnitt des Jahres wird gleich als Mulchmaterial verwendet.

der jeweiligen Kulturen sowie die Eigenschaften des verwendeten Mulchmaterials.

Die folgenden Anwendungsempfehlungen beziehen sich auf frischen Rasenschnitt sowie auf Stauden- und Erntereste oder Wildkräuter, die regelmäßig in den meisten Gärten anfallen und durch ihr ideales C/N-Verhältnis für fast alle Pflanzen geeignet sind:

- Etwa alle drei bis vier Wochen frischen Rasenschnitt 3 bis 5 cm hoch auf den freien Flächen im Beet, unter Büschen oder auf Baumscheiben verteilen (an heißen Sommertagen trocknet das Gras in kurzer Zeit fast zu Heu).
- Stauden- und Erntereste oder Wildkräuter, am besten leicht angetrocknet und je nach Größe eventuell gehäckselt, 5 bis 8 cm hoch auf den Freiflächen verteilen.
- Das Mulchmaterial nach dem Ausbringen mit EM-a gießen (1:200 mit Wasser verdünnt), um Verfilzung und Fäulnis vorzubeugen.

Tipp: Im Spätherbst ist eine letzte Mulchschicht besonders wichtig, damit der Boden über den Winter geschützt ist und die Bodenaktivität im Frühling wieder eher einsetzt. Da das Material wegen der Kälte nicht umgesetzt wird, können Sie im Frühjahr liegen gebliebene Reste leicht einarbeiten.

Im linken Kartoffelbeet ist kein Mulch mehr nötig, im rechten Bohnenbeet sind die Pflanzen noch so klein, dass der Boden eine Schutzschicht braucht.

Die Schattengare

Indirekten Bodenschutz bietet auch die so genannte Schattengare durch Pflanzen mit großen Blättern. Sie spenden nicht nur Schatten, sondern beugen auch der Verdichtung durch Starkregen vor, indem er auf die Blätter tropft und dabei zum Stängel hin umgelenkt wird, anstatt direkt auf den Boden zu treffen.

Mulchen ohne Mulch

Sofern kein Mulchmaterial zur Verfügung steht, sollte man den Boden regelmäßig oberflächlich lockern, was zwei Vorteile mit sich bringt: die Reduzierung der Wildkräuter und eine bessere Wasserversorgung.

Wenn man aufkommende Wildkräuter ab dem Frühjahr bis Ende Juni und wieder ab Herbst regelmäßig etwa alle zehn Tage mit dem

Gartenwiesel (Seite 145) knapp unterhalb der Bodenoberfläche abschert und liegen lässt, dann ist den ganzen Sommer über kein Jäten mehr nötig. Der beste Zeitpunkt dafür ist nach einem Regentag bei Sonne morgens oder vormittags, sodass die Wildkräuter in der Wärme schnell vertrocknen.

Durch das Lockern des Bodens wird auch die Versorgung mit Wasser verbessert. Sobald ein Boden oberflächlich abtrocknet, saugt er Wasser aus den unteren Bodenschichten an die Oberfläche (Kapillarwirkung). Ist die Oberfläche jedoch gelockert, reichen diese wasserführenden Kapillaren nur bis kurz unterhalb der Oberfläche. Auf diese Weise wirkt sie wie eine Art Mulchschicht und verhindert, dass das Wasser ganz nach oben gelangt und dort ungenutzt verdunstet.

Tipp: Bei bepflanzten Beeten gelingt das Mulchen ohne Mulch am besten mit dem Grubber (Seite 145).

Gründüngung

Als Gründüngung bezeichnet man den Anbau von Pflanzen als Vor-, Zwischen- oder Nachkultur auf abgeernteten oder frei liegenden Beetflächen, die dann entweder abgemäht und als Mulch liegen gelassen bzw. drei Wochen vor der Aussaat leicht in den Boden eingearbeitet werden. Als Nachkultur bleiben sie über den Winter stehen, sodass sie bei Frost absterben, und werden erst im nächsten Frühjahr eingearbeitet bzw. als Mulch verwendet. Gründüngung bietet zahlreiche Vorteile:

- Der bedeckte Boden ist so vor Wind, Sonne und Regen geschützt.
- Der Wildkräuterwuchs wird gehemmt oder unterdrückt.
- Die Wurzeln der Gründüngungspflanzen lockern und belüften den Boden (manche sind bis 1,50 m tief), was vor allem schweren und verdichteten Böden zugute kommt.
- Gründüngung fördert sowohl den Humusaufbau als auch die Krümelstruktur des Oberbodens und versorgt ihn mit zusätzlichen Nährstoffen. Tief wurzelnde Pflanzen helfen beim Nährstofftransport aus den unteren Bodenschichten.
- Die Knöllchenbakterien der Leguminosen reichern den Boden mit zusätzlichem Stickstoff aus der Luft an.
- Einige Gründüngungspflanzen dienen als Futterquellen für Bienen, Hummeln und Schmetterlinge, andere als Futterpflanzen für Haustiere.

- Bereits im Boden enthaltene Pflanzenkohle wird durch die Nährstoffe der verrotteten Pflanzen wieder aufgeladen.
- Als Mulchschicht ist sie außerdem ideal zur Flächenkompostierung bei der Herstellung von Schwarzerde geeignet (Seite 71).

Die richtige Fruchtfolge

Bei Gründüngung ist die Fruchtfolge wichtig (Seite 139): Hülsenfrüchtler (Leguminosen) – Ackerbohne, Serradella, Lupine, Platterbse, alle Klee-Arten, Luzerne sowie Sommer- und Winterwicke – sollten nicht als Vorkultur vor anderen Leguminosen wie Bohnen oder Erbsen gesät werden. Kreuzblütler (Gelbsenf, Ölrettich) eignen sich nicht als Vor- oder Nachkultur anderer Kreuzblütler wie Kresse, Rauke, Radieschen, Rettich und Kohl. Bei Kohl wird dadurch Kohlhernie gefördert. Neutral sind dagegen z. B. Phacelia, Tagetes, Spinat oder Buchweizen, die sich mit allen Pflanzen vertragen.

Frostharter Gründünger

Rotklee: für lockere Böden, Pfahlwurzel mit vielen Nebenwurzeln, mehrjährig
Weißklee: für alle Böden, verträgt keine Trockenheit
Inkarnatklee: wärmebedürftig, für leichte und mittlere kalkhaltige Böden, Pfahlwurzel, schnelle Durchwurzelung im Winter
Winterwicke (Zottelwicke): für Sandböden und schwere durchlässige Böden, kräftige Wurzeln, bildet auch im Winter Wurzelmasse
Serradella: für leichte, schwach saure Böden, starke Hauptwurzel mit vielen Feinwurzeln
Steinklee: für alle Böden, am besten für kalkhaltige Böden, kräftige Pfahlwurzel, die auch verdichtete Böden durchdringt, verträgt Trockenheit
Luzerne: für kalkhaltige, leichte Böden, verträgt Trockenheit, kräftige Pfahlwurzeln, mehrjährig

Rotklee gehört zu den winterharten Gründüngungspflanzen.

Nicht frostharter Gründünger

Alexandrinerklee: mehrjährig, braucht Wärme und Wasser, für mittlere bis schwere Böden, schnelle Wurzelbildung
Perserklee: mehrjährig, wärmebedürftig, für leichte Böden, verträgt Trockenheit, vertreibt Kohlfliege und Kohlweißling
Sommerwicke: verzweigte Wurzeln mit vielen Wurzelknöllchen, gutes Grünfutter

Bienenfreund (Phacelia) und Sommerwicke (oben) sind ideal zum Bodenlockern.

Platterbse: für alle Böden, Tiefwurzler mit großen Wurzelknöllchen
Futtererbse: für mittelschwere Böden, kurze Pfahlwurzel mit kräftigen Seitenwurzeln
Ackerbohne: verträgt Nässe, für tiefgründige, kalkreiche, mittlere Böden ohne Verdichtung, kräftige Pfahlwurzel
Phacelia (Bienenfreund): anspruchslos, verträgt Trockenheit, für alle Böden, Pfahlwurzel mit Seiten- und Feinwurzeln
Lupine: (weiß) braucht Feuchtigkeit und Wärme, auch für kalkreiche Böden; Lupine (blau) für neutrale bis schwach saure Böden; Lupine (gelb) für sandige, saure Böden bis pH-Wert 4,5 bis 5; alle bilden schnell kräftige Hauptwurzeln mit großen Wurzelknöllchen
Gelbsenf: Pfahlwurzel mit Seiten- und vielen Feinwurzeln in lockerem Boden, wächst schnell
Ölrettich: kräftige Pfahlwurzel, starke Seitenwurzeln, in lockerem Boden gute Feinwurzelbildung
Buchweizen: schnellwüchsig, frostempfindlich, verträgt Trockenheit, für leichte Böden, aber auch schwere, wenn nicht zu nass und kalt, Bienenweide, Grünfutter für Haustiere
Sonnenblume: für leichte bis mittlere Böden, dicke Hauptwurzel, verträgt Trockenheit, viel Grünmasse

Fruchtwechsel und Mischkultur im Gemüsegarten

Fruchtwechsel und Mischkultur sind aus gutem Grund längst zu wichtigen Elementen im Biogarten geworden, die auch bei einem gesunden Schwarzerdeboden nicht überflüssig werden.

Fruchtwechsel

Als Fruchtwechsel oder Fruchtfolge bezeichnet man den jährlichen Wechsel der Gemüsearten in einem Beet. Grundsätzlich gilt, dass kein Gemüse mit längerer Kulturzeit vor Ablauf von drei Jahren wieder an die gleiche Stelle im Beet gepflanzt werden sollte, da es beim Anbau der immer selben Gemüseart (Monokultur) schnell zu Krankheiten kommt. So reichern sich bereits nach einer Kohlsaison Krankheitskeime (Kohlhernie) im Boden an, die sich schädlich auf die Folgekulturen derselben Pflanzenfamilie wie z. B. Kohlrabi auswirken, da sie beide zur Familie der Kreuzblütler gehören.

Auch manchen bodenbürtigen (stets im Boden vorhandenen) Krankheiten und Schädlingen wie Rettichschwärze, Salatfäule und Zwiebel- oder Kartoffelnematoden lässt sich oft nur durch einen konsequenten Fruchtwechsel vorbeugen.
Zudem wird durch die Methode des Fruchtwechsels der einseitige Abbau von Bodennährstoffen vermieden.

Kohl sollte erst nach mehreren Jahren wieder am gleichen Standort gepflanzt werden.

Mischkultur

Unter Mischkultur versteht man die Kombination von mehreren Gemüsearten auf einem Beet. Vor allem in kleinen Gärten, wo ein ausgedehnter Fruchtwechsel gar nicht möglich ist, sind Mischkulturen eine wichtige Maßnahme, um die Bodengesundheit über lange Zeit zu erhalten. Bei der Mischkultur werden vor allem solche Gemüsearten kombiniert, die sich in ihrem Wachstum gegenseitig günstig beeinflussen. Dabei wird unter anderem auf Kulturdauer, Verträglichkeit und Wurzelwachstum geachtet. Beispielsweise vertragen sich Stangenbohnen nicht mit Buschbohnen, Erbsen oder Zwiebeln, dafür aber mit Sellerie, Mais oder Salat. Paprika verträgt sich wiederum nicht mit Kartoffeln oder Tomaten, dafür aber mit Kohl oder Gurken.

Milpa oder die drei Schwestern (»Tres Hermanas«)

Der gemeinsame Anbau der drei Schwestern Mais, Bohne und Kürbis ist beispielhaft für eine erfolgreiche Mischkultur im Etagenanbau: Der hohe Mais dient als natürliche Rankhilfe für die Stangenbohne, die als Leguminose Stickstoff aus der Luft aufnimmt und an Mais und Kürbis abgibt, während Letzterer den Mais- und Bohnenpflanzen als Schatten spendender Bodendecker dient. Durch diese Synergie wird der Platz optimal ausgenutzt, der Pflegeaufwand ist gering und man erntet drei verschiedene Gemüse, wobei Bohnen und Kürbis höhere Erträge liefern als im Einzelanbau.

Diese Methode wurde schon vor mehr als 1.000 Jahren von den Mayas angewendet und ist bis heute in ganz Südamerika populär. Sie gelingt auch bei uns problemlos, sofern man sich an einen unserem Klima angepassten Zeitplan hält.

Mais, Bohnen und Kürbis – ein Musterbeispiel der Mischkultur

So wird's gemacht

Ein 3 x 3 m großes Beet bietet genug Platz für 20 Maispflanzen (vier Reihen à fünf Pflanzen), um die sich jeweils ca. fünf Stangenbohnen ranken, sowie vier Kürbispflanzen, die in die Zwischenräume gesetzt werden.

1. Mitte April wird mit dem Vorziehen der Kürbispflanzen begonnen (Seite 102).

2. Anfang Mai sät man den Mais im Abstand von etwa 60 cm mit einem Reihenabstand von 70 cm, da er einen Wachstumsvorsprung zu den schnell rankenden Bohnen braucht. Je nach Wetterlage kann eventuell ein Vlies zum Schutz vor Nachtfrösten erforderlich sein.

3. Mitte Mai (nach den Eisheiligen) wird der Kürbis in die Zwischenräume ausgepflanzt.

4. Ende Mai werden je nach Größe der Maispflanzen jeweils vier bis acht Bohnenkerne um den Mais herum gesät, aber auch bei einer Aussaat im Juni oder Juli bleibt noch genug Zeit zum Wachsen.

Tipp: Anstelle von Kürbis können Sie auch Zucchini pflanzen, die jedoch möglichst weit außen im Beet stehen müssen, da sie volle Sonne brauchen. Bei den Stangenbohnen ist eine mittelhohe Sorte ratsam.

Berücksichtigen Sie bei der Auswahl des Standorts für das Milpa-Beet, dass die hohen Mais- und Bohnenpflanzen viel Schatten werfen, was für Nachbarbeete nachteilig sein kann.

Die geniale Mischkultur-Methode der Indios wird auch bei uns immer häufiger ausprobiert.

Pflanzen stärken mit Jauchen

Pflanzen auf Terra-Preta-Böden sind generell gesünder und ziehen weniger Schädlinge an als solche, die in normaler Erde wachsen. Trotzdem können auch hier, vor allem nach langen Regenperioden oder durch Kulturfehler, Pilzkrankheiten und Schädlinge auftreten.

Ackerschachtelhalm festigt das Pflanzengewebe durch seinen hohen Gehalt an Kieselsäure und beugt damit Krankheiten und Schädlingen vor.

Neben regelmäßigem Sprühen und Gießen mit EM-a sind vor allem Pflanzenjauchen wirksame Hilfen sowohl zur Vorbeugung als auch bei der Behandlung akuter Krankheiten oder bei Schädlingsbefall. Vor allem in Verbindung mit Pflanzenkohle, Gesteinsmehl und EM-a kann man sie außerdem als wertvollen natürlichen Dünger verwenden.

Pflanzenjauchen, die alle wichtigen Nährstoffe und Spurenelemente im richtigen Verhältnis enthalten, lassen sich leicht herstellen und durchlaufen dabei einen Gärungsprozess. Je nach Pflanze unterscheiden sich die Jauchen in ihrer Wirkung, am bekanntesten und universell einsetzbar ist jedoch die Brennnesseljauche. Sehr gute Jauchen ergeben aber z. B. auch Ackerschachtelhalm, Beinwell, Wermut, ausgegeizte Tomatentriebe, Rhabarber oder Kohlblätter.

Allerdings entwickeln Jauchen schon kurz nach dem Ansetzen und im Verlauf der Gärung einen beißenden Gestank, der sich aber sehr einfach vermeiden lässt: Durch die Zugabe von Pflanzenkohle, Gesteinsmehl und EM-a bleibt die Flüssigkeit geruchsneutral und die Pflanzenkohle wird gleichzeitig mit den Nährstoffen aus der Jauche aufgeladen.

Brennnesseljauche

So wird's gemacht

Geben Sie in ein Gefäß aus Holz oder Kunststoff so viele Brennnesseln, dass es zu zwei Drittel gefüllt ist, gießen Sie es bis 1 cm unter den Rand mit Regenwasser auf und rühren Sie Pflanzenkohle, Gesteinsmehl und EM-a ein. Das Gefäß luftdurchlässig abdecken und täglich umrühren, um den Gärungsprozess zu unterstützen. Je nach Witterung ist die Jauche nach etwa zwei Wochen fertig: Die Flüssigkeit ist dunkel und schäumt nicht mehr.

Mengenverhältnisse für Jauchen

Jeweils 1 kg frische Pflanzen oder 100 bis 200 g getrocknete Pflanzen auf 10 Liter Wasser ansetzen und 0,2 Liter Pflanzenkohle, 100 bis 200 g Gesteinsmehl sowie 20 ml EM-a zufügen.

So wird die Jauche angewendet

- Als Pflanzenschutz 1 : 50 mit Wasser verdünnt einmal pro Woche über die Pflanzen sprühen, am besten nach Regen und nie bei Sonne.
- Bei akutem Befall 1 : 5 mit Wasser verdünnt auf die befallenen Pflanzenstellen sprühen.
- Als Dünger 1 : 20 mit Wasser verdünnt alle ein bis zwei Wochen um die Pflanzen im Wurzelbereich gießen, am besten morgens.

Brennnesseljauche ist eines der bekanntesten Pflanzenstärkungsmittel.

Sinnvolle Gartengeräte zur Bodenbearbeitung

Neben Rechen und Spaten gibt es einige einfache Geräte für die Bodenbearbeitung, die sich seit langem bewährt haben und vollkommen ausreichen, wenn es darum geht, den Boden und das Bodenleben möglichst wenig zu stören.

Grabegabel und Bio-Grabel

Die Grabegabel, auch Grabgabel genannt, eignet sich bestens zur sanften Lockerung und Belüftung von leichten bis sehr schweren Böden bis etwa 25 cm Tiefe, ohne das Bodenleben dabei zu zerstören, sowie zum tiefgründigen Jäten und bei der Ernte z. B. von Kartoffeln.

Durch den Hebeleffekt der beiden Stiele bei der Bio-Grabel, auch Doppel-Grabegabel genannt, können sogar Kinder einen schweren Gartenboden ohne größere Mühe bearbeiten.

Grubber

Der Grubber lockert den Boden und eignet sich ideal zum »Mulchen ohne Mulch« zwischen den Reihen bei bereits bestehenden Kulturen [Seite 135].

Gartenwiesel

Das Gartenwiesel, auch Rollkultivator, Sternfräse mit Pendelhacke oder Bodenkrümler genannt, schneidet aufkommende Wildkräuter mit seinem Jätmesser knapp unterhalb der Oberfläche ab und lockert dabei gleichzeitig den Boden. Ideal auch zur Beetvorbereitung im Frühjahr.

Düngermischgerät

Ein geniales Düngermischgerät, das an den Gartenschlauch gesteckt wird. Es verfügt über ein Dosiersystem, mit dem man die jeweilig gewünschte Verdünnung mit Wasser für die Anwendung von EM-a oder Pflanzenjauchen einstellen kann. So spart man sich das lästige Dosieren und Tragen der schweren Gießkanne.

Neue Wege in der Landwirtschaft

Im letzten Kapitel geht es um die Landwirte, von deren Arbeit wir alle Tag für Tag profitieren. Jahrelange Erfahrungen und Rechenbeispiele aus der Praxis zeigen, welche revolutionären positiven Folgen der Einsatz von Pflanzenkohle, Effektiven Mikroorganismen und Gesteinsmehl im Stall und auf dem Feld haben kann – allein durch die Größe der Flächen würde unsere gesamte Umwelt enorm davon profitieren.

Der aktuelle Stand

Heutzutage sind in Deutschland nur noch zwei bis drei Prozent der Bevölkerung in der Landwirtschaft tätig. Unsere Lebensmittel, im Discounter zu Dumpingpreisen erhältlich, werden längst überwiegend industriell erzeugt und stehen oft im Zusammenhang mit nicht artgerechter Tierhaltung und ständig neuen Hiobsbotschaften in Bezug auf Herkunft und Verarbeitung der landwirtschaftlichen Erzeugnisse.

Wie ab Seite 17 beschrieben, fährt das derzeitige System der industriellen Landwirtschaft mehr und mehr an die Wand, denn es hat sich längst ein Teufelskreis etabliert: Neben dem Ackerbau mit seinen Pestizid-Skandalen und den ausgelaugten Böden ist es die Massentierhaltung mit ihren auf Höchstleistung gezüchteten Tieren, deren Fruchtbarkeit und Lebensdauer stark reduziert sind, oft verbunden mit einer hohen Keimbelastung im Stall. Dadurch kommt es zu häufigen Erkrankungen, was wiederum ständige Antibiotika-Gaben und andere Medikamente erfordert, die dann über die Gülle in den Boden und ins Grundwasser bzw. in die Flüsse und Seen gelangen.

Dazu kommt, dass unbehandelte Gülle beim Ausbringen mindestens 50 Prozent ihres Stickstoffgehalts an die Luft oder ins Grundwasser verliert. Dies hat zur Folge, dass das Futter auf den Wiesen so wenig nahrhaft ist, dass es mit nicht artgerechtem Kraftfutter ergänzt werden muss, was wiederum die Tiergesundheit negativ beeinflusst. Kein Wunder also, dass die auf diese Weise erzeugten Lebensmittel immer weniger wichtige Vitalstoffe enthalten, mit der Konsequenz, dass sie uns fehlen, sofern wir nicht auf Bio-Lebensmittel zurückgreifen können.

Jeder Landbewohner kennt den Gestank von frisch ausgebrachter Gülle. Mit Pflanzenkohle, EM-a und Gesteinsmehl wäre die Geruchsbelästigung kein Problem mehr.

Es geht auch anders

Inzwischen stellen immer mehr Landwirte auf artgerechte Tierhaltung mit gesundem Futter und genug Auslauf um.

Inzwischen gibt es jedoch immer mehr Landwirte, die einen anderen Weg gehen. Ihre Tiere sind gesünder, weisen eine normale Fruchtbarkeit auf und der Tierarzt muss viel seltener eingreifen. Hier besteht auch kaum noch Bedarf an Kraftfutter und in Gülle und Mist bleiben die Nährstoffe gebunden, wodurch Gestank und Nitratauswaschung ins Grundwasser weitgehend verhindert werden. Dadurch ist die Gülle viel ergiebiger, sodass sich der Einsatz von Mineraldüngern meist erübrigt.

Auch im Ackerbau, Gemüse- und Obstanbau gibt es eine Trendwende: weniger Chemie und dafür mehr »Natur«. Das bedeutet eine bessere Qualität der Erzeugnisse, nachhaltigen Humusaufbau und nicht zuletzt Einsparungen bei den Dünge- und Pflanzenschutzmitteln.

Dies sind nur einige der positiven Effekte, wenn die Hauptzutaten der Schwarzerde – Pflanzenkohle, Effektive Mikroorganismen (EM) und Gesteinsmehl – in landwirtschaftlichen Betrieben eingesetzt werden.

Mittlerweile gibt es belastbare Zahlen, die belegen, dass sich die Kosten für diesen Mehraufwand betriebswirtschaftlich von Anfang an rechnen und die Landwirte sehr schnell einen Profit erwirtschaften.

Vom Sinn der Pflanzenkohle im Ackerbau

Als sich im Verlauf der letzten zehn Jahre immer mehr herausstellte, welch außerordentlich positive Wirkung Pflanzenkohle auf den Boden hat, war die Euphorie zunächst groß. Dann hieß es jedoch, dass der großflächige Einsatz von Pflanzenkohle an der fehlenden Quantität von verkohlbarer Biomasse scheitern würde, sodass der Aufschwung zunächst einen Dämpfer erhielt. Inzwischen ist das Argument der Pflanzenkohle-Skeptiker allerdings weitgehend entkräftet, da bei der mittlerweile vielfach erprobten Methode der Wurzelapplikation nur etwa zehn Prozent der Menge ausgebracht wird, die zu einer flächendeckenden Anwendung nötig wäre. So liefern allein die Erntereste eines Ackers Jahr für Jahr genug Biomasse, um daraus ausreichend Pflanzenkohle für die Wurzelapplikation im folgenden Jahr herzustellen. Auch die Behauptung, dass Pflanzenkohle in konventionell bewirtschafteten Böden nicht nennenswert zum Humusaufbau und somit zur CO_2-Bindung beitragen könne, ist inzwischen wissenschaftlich eindeutig widerlegt.

Pflanzenkohle in der biologischen Landwirtschaft

Die Bereitschaft zum Einsatz von Pflanzenkohle ist in Bio-Betrieben oft noch größer als in der konventionellen Landwirtschaft. Umso bedauerlicher ist deshalb die Tatsache, dass Bio-Bauern laut geltenden EU-Bestimmungen keine Pflanzenkohle verwenden dürfen, da sie derzeit noch nicht auf der EU-Positivliste steht. Allerdings ist ihr Einsatz in den deutschsprachigen Ländern teilweise zugelassen:

- Deutschland: Inzwischen erlauben einige Bundesländer die Anwendung von Pflanzenkohle. Daher sollten sich interessierte Bio-Landwirte bei dem zuständigen Kontrolleur ihres Bio-Verbands entsprechend informieren.
- Österreich: Seit Oktober 2018 ist der Einsatz von EBC-Premium-Pflanzenkohle (Seite 170) für die Biolandwirtschaft als Bodenhilfsstoff und Pflanzenhilfsmittel bundesweit zugelassen (siehe dazu www.bio-austria.at/Pflanzenkohle/).
- Schweiz: Hier ist EBC-zertifizierte Pflanzenkohle generell im Biolandbau zugelassen.

Darüber hinaus ist die Verwendung von Pflanzenkohle, die der Tierarzt als Medikament – auch längerfristig – verschreibt, z. B. bei (chronischem) Durchfall, immer erlaubt.

Die Kaskadenwirkung der Pflanzenkohle

In der Tierhaltung kann die Pflanzenkohle kaskadenmäßig eingesetzt werden, indem sie von Anfang an in den Stoffkreislauf eingebracht wird und im weiteren Verlauf mehrfach zur Wirkung kommt – je früher sie eingesetzt wird, desto größer und weitreichender ist ihr Nutzen.

Diese Kaskadenwirkung beginnt beim Futter der Tiere, dem hochwertige Pflanzenkohle (= Futterkohle) beigemengt wird, geht weiter über die Einstreu, setzt sich in der Behandlung von Gülle und Mist fort und endet schließlich im Ackerboden oder Grünland. Dabei durchläuft die Kohle, deren Effekte durch EM und/oder Gesteinsmehl noch sinnvoll ergänzt werden können, einen beschleunigten Alterungsprozess, der ihre Wirkung im Boden zusätzlich verbessert (Seite 35).

Bei einer solchen Kaskade, die eine Mehrfachnutzung der Pflanzenkohle bedeutet, sind die Wertschöpfungs- und Einsparpotenziale deutlich größer als die jeweiligen Anschaffungs- bzw. Herstellungskosten von Futterkohle, EM und Gesteinsmehl.

Im Einzelnen sehen die jeweiligen Kaskadenstationen so aus:

Futterkohle

Pflanzenkohle, die laut Futtermittelverordnung als Futtermittelzusatz zertifiziert ist (Seite 170), bezeichnet man als Futterkohle. Sie ist für Tiere gesundheitlich unbedenklich; inzwischen gibt es sogar Hersteller, die für viele Tierarten unterschiedliche Futterkohle-Varianten mit jeweils anderen Ausgangsstoffen und Geschmackszusätzen anbieten.

Anwendung

Als tägliche Zugabe im Futter werden folgende Mengen Futterkohle empfohlen (1 Liter = ca. 350 g):

- Rinder: 100 bis 200 g
- Kälber: 15 bis 30 g
- Pferde: 10 bis 20 g/100 kg Körpergewicht
- Schweine: 5 bis 10 kg/t Trockenfutter
- Geflügel: 5 bis 10 kg/t Trockenfutter

Bei der Kälberaufzucht wirkt sich der Zusatz von feinst vermahlener Futterkohle bei der Milchfütterung besonders positiv aus.

Auch für Haustiere gibt es mittlerweile Futterkohle, die an die jeweilige Tierart angepasst ist.

Gesunde Tiere durch Futterkohle

Dank ihrer positiven Wirkung auf den Magen-Darm-Trakt profitieren alle Nutz- und Haustiere von der Futterkohle, die Giftstoffe und pathogene Keime bindet. Durch ihre hohe Leitfähigkeit werden außerdem abbauende Redox-Reaktionen im Darm gefördert, sodass die bei der Massentierhaltung häufig auftretenden Durchfälle drastisch reduziert werden (und beispielsweise Rinder mehr als 20 Prozent weniger Methan ausstoßen).

Da Pflanzenkohle ein hohes Adsorptionsvermögen hat, empfehlen die Futterkohle-Hersteller vorsorglich eine kurmäßige Anwendung. Das heißt, die Beigabe sollte regelmäßig für kürzere Zeiträume ausgesetzt werden, um einem eventuellen Mangel an essenziellen Spurenelementen vorzubeugen. In der Praxis sind diese Negativeffekte bisher allerdings nicht aufgetreten.

Silage

Das Untermischen der Futterkohle erfolgt zwar meist als direkte Zugabe zum Tierfutter, ist aber auch schon während des Siliervorgangs möglich. Mit Futterkohle und Effektiven Mikroorganismen (EM-a) verläuft die Gärung sicherer und die Silage ist weniger anfällig für Pilzbefall bzw. Mykotoxine. Dadurch lassen sich mögliche Krankheitsrisiken minimieren und die Silage wird besser vertragen.

Anwendung

- Futterkohle: pro m³ Silage 5 Liter Futterkohle zufügen
- EM-a: pro m³ Gras-Silage 1 Liter EM-a,
pro m³ Mais-Silage 2 Liter EM-a zufügen

Futterkohle und EM-a als Zutaten bei der Herstellung von Silage sind die erste Stufe der Kaskadenwirkung.

Stallhygiene

Häufige Folgen der hohen Keimbelastung in konventionellen Ställen sind chronische Durchfälle, Hufprobleme bzw. Fußballenerkrankungen, Euterentzündungen, erhöhte Jungtiersterblichkeit und verringerte Nutzungs- und Lebensdauer sowie die damit verbundenen hohen Tierarzt- und Medikamentenkosten.

Mit gesunden Zusätzen in der Einstreu verbessert sich das Stallklima entscheidend.

Wegen hoher Keimzahlen und häufigen Medikamentengaben sind manche Tierprodukte, vor allem Milch, oft so stark belastet, dass sie nicht vermarktet werden können. Durch die Zugabe von Pflanzenkohle und Gesteinsmehl in die Einstreu sowie durch die Vernebelung von EM im Stall in Verbindung mit der Futterkohle als Futtermittelzusatz können die Tierarzt- und Medikamentenkosten um mindestens zwei Drittel reduziert werden. Außerdem verringert sich die postnatale Sterblichkeit, während die Fruchtbarkeit der Tiere zunimmt.

Anwendung

- Pflanzenkohle: etwa fünf Prozent zur Einstreumenge geben
- Gesteinsmehl: täglich 500 g / Großvieheinheit zur Einstreu geben
- EM-a: täglich 5 ml / m² Stallfläche im Stall vernebeln. Zur zusätzlichen Verbesserung der Stallhygiene außerdem regelmäßig EM-a (1 : 100 mit Wasser verdünnt) bei der Stallreinigung verwenden.

Gülle und Festmist

Als Gülle bezeichnet man die Mischung aller festen und flüssigen tierischen Ausscheidungen zusammen mit dem Einstreumaterial. Festmist und Jauche entstehen durch die Trennung der festen und flüssigen Bestandteile.

Gülle und Festmist sind der wichtigste Dünger in der Tierhaltung und ein erheblicher Wirtschaftsfaktor, denn sie liefern kostenlos wertvolle Nährstoffe und fallen in großen Mengen an.

Gülle

Unbehandelte Gülle unterliegt starken Fäulnisprozessen, bei denen es durch Ausgasung von übel riechendem Ammoniak zu erheblichen Stickstoffverlusten kommt.

Außerdem entwickelt sich in der Güllegrube schnell eine dicke Schwimmschicht, sodass die Gülle vor der Ausbringung intensiv verrührt und mit 30 bis 50 Prozent Wasser verdünnt werden muss, um eine gute Fließfähigkeit herzustellen.

Wenn die Gülle dann in den Boden gelangt, gehen durch die Auswaschung von Nitrat weitere Nährstoffe verloren. Dadurch wird außerdem das Grundwasser belastet, was zu einer strengen Reglementierung der Ausbringungsmenge geführt hat. Hinzu kommt, dass die Fäulnisprozesse der Gülle in den Boden verlagert werden.

Behandelte Gülle bringt enorme Vorteile sowohl für die Umwelt als auch für den Landwirt.

Angesichts dieser Nachteile wenden viele Landwirte schon seit längerer Zeit EM und Gesteinsmehl als Zusatz an; vor einigen Jahren ist auch die Pflanzenkohle dazu gekommen. Die Kosten für die Güllezutaten liegen insgesamt bei etwa fünf Euro/m³ und reduzieren sich um die jeweilige Einsatzmenge von Pflanzenkohle im Futter und/oder in der Einstreu.

Die so behandelte Gülle erhält eine cremig schaumige, sehr homogene Konsistenz und bildet nur eine dünne Schwimmschicht. Außerdem ist sie fast geruchlos, da Fäulnisprozesse weitgehend unterbunden werden. Die Auswaschung von Nitrat ins Grundwasser nach der Ausbringung ist nur noch minimal, sodass rund 90 Prozent des ursprünglichen Stickstoffgehalts im Boden verbleiben gegenüber nur etwa 50 Prozent bei unbehandelter Gülle. Dadurch kann auf vielen Acker- und Grünlandflächen der Einsatz von Mineraldünger reduziert werden oder vollständig unterbleiben.

Anwendung

Pro m³ Gülle werden eingerührt:

- 6 Liter Pflanzenkohle
- 1 Liter EM-a
- 30 kg Gesteinsmehl

Das Gesteinsmehl muss dabei von Hand hineingeschaufelt oder per Druckluft eingeblasen werden, da es sonst verklumpt und absinkt, sodass es sich nicht mehr verrühren lässt.

Die Pflanzenkohle wirkt bereits nach wenigen Stunden geruchsbindend, braucht jedoch mindestens zwei Wochen bis zur vollständigen Nährstoffaufladung.

Wichtig: Damit das mikrobielle Milieu in einen aufbauenden Prozess umgelenkt wird, sollte die Güllegrube bei erstmaliger Anwendung bis auf einen Rest von 25 cm geleert werden und zusätzlich zu den angegebenen Mengen einmalig mit weiteren 5 Liter EM-a/m³ »geimpft« werden. Anschließend wird die angegebene Dosierung verwendet.

Festmist

Auch bei Festmist kann es zu Fäulnis kommen. Wird er jedoch nach dem Prinzip des Stapelkomposts (Seite 50) behandelt, indem man ihn mit Pflanzenkohle, Gesteinsmehl und EM-a vermischt und unter einer luftdichten Plane mehrere Wochen fermentiert, ist er anschließend mikrobiell unbedenklich.

Anwendung

Pro m³ Mist werden eingesetzt:

- 50 Liter Pflanzenkohle
- 5 Liter EM-a
- 20 kg Gesteinsmehl

Richtige Dosierung: Die Dosierungen von Pflanzenkohle und Gesteinsmehl für die Gülle und den Festmist reduzieren sich um die bereits im Futter und Stall eingesetzten Mengen.

Pferde mit ihrem empfindlichen Verdauungssystem profitieren besonders von Futterkohle und EM-a.

Acker- und Grünland

Durch das Ausbringen von behandelter Gülle und Festmist ändert sich das Artenspektrum der Wiesenpflanzen.

Ackerflächen haben manchmal einen noch höheren Nährstoffbedarf als Grünland. Hier empfiehlt es sich, die vorbehandelte Gülle per Wurzelapplikation in die Saatfurchen einzubringen, wofür es bereits geeignete Geräte gibt: Injektion der Gülle mittels Drucklanzen oder Pflugmaschinen, die die Gülle in den Boden einschlitzen können. Auf diese Weise konzentriert sich die Pflanzenkohle- und Nährstoffzufuhr auf den Einzugsbereich der Wurzeln, sodass nur etwa zehn Prozent der Menge an Pflanzenkohle eingesetzt werden muss, die für eine flächendeckende Ausbringung erforderlich wäre. Dadurch wird die Anwendung von Pflanzenkohle im Ackerbau bei gleichen Erträgen sofort rentabel, auch wenn der Humusaufbau insgesamt länger dauert.

Unbehandelte Gülle wird wegen ihrer ätzenden Wirkung nicht von allen Wiesenpflanzen vertragen, weshalb die Pflanzen- und damit die Futtervielfalt auf den Wiesen in der Regel stark reduziert ist. Durch die Ausbringung von behandelter Gülle steigen jedoch die Nährstoffverfügbarkeit und der pH-Wert im Boden allmählich wieder an. Die Bewuchsdichte sowie der Anteil an wertvollen Futterpflanzen wie etwa Rotklee nimmt insgesamt zu und damit auch der Nährstoffgehalt des Grünfutters. Gleiches gilt für Festmist, der vorbehandelt besser pflanzenverträglich ist, sodass man ihn auch zwischen den einzelnen Schnitten [Mähgängen] ausbringen kann. Dazu kommt, dass Pflanzenkohle und Gesteinsmehl sich im Boden anreichern, der Verdichtung und Versauerung entgegenwirken und einen dauerhaften Humusaufbau ermöglichen.

Die Ausbringung behandelter Gülle ist wesentlich einfacher und günstiger, denn sie muss nicht verdünnt werden und verstopft trotzdem nicht die Düsen – Maschinenkosten werden also reduziert.

Da außerdem weder Gestank noch Ätzwirkung auftreten, kann sie bedenkenlos auch bei trockenem Wetter ausgebracht werden. Darüber hinaus sind bei jedem Schnitt 10 m³ behandelte Gülle pro Hektar völlig ausreichend, um den Nährstoffbedarf zu decken. Bei größeren Güllemengen entsteht sonst leicht ein Kaliumüberschuss, der die Futterqualität beeinträchtigt.

Generell lässt sich feststellen, dass die Futterqualität so stark zunimmt, dass ein großer Teil des Kraftfutters eingespart werden kann und eine artgerechtere Fütterung ermöglicht wird, die der Tiergesundheit zugute kommt. Einige Landwirte halten diesen Aspekt für den wertvollsten Baustein in der gesamten Kaskade.

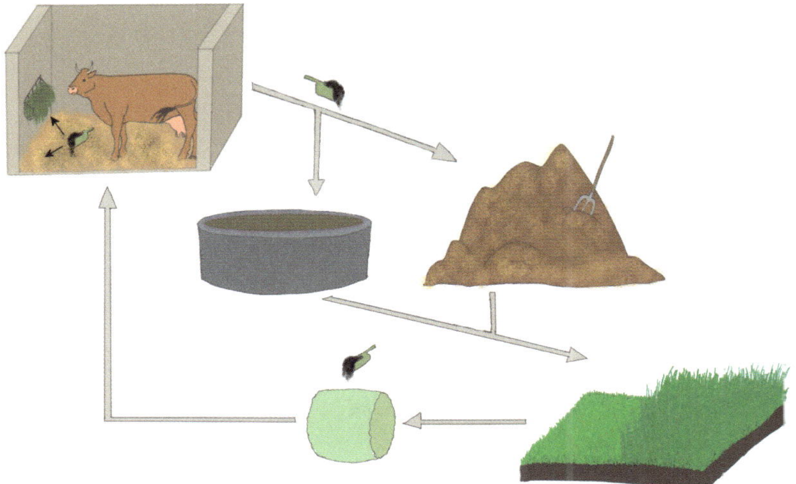

Die effizienteste Nutzung der Pflanzenkohle ist die Kaskadenanwendung. Die Kohle kann dabei im Futter, im Stall, in der Gülle und im Festmist und optional auch gleich in der Silage eingesetzt werden.

Rechenbeispiel 1: Kaskadennutzung im Milchviehbetrieb

2015 wurden in Deutschland pro Kopf rund 52 Liter Milch, 17 Kilogramm Joghurt und 25 Kilogramm Käse verbraucht.

Im Folgenden wird ein konventioneller Milchviehbetrieb mit einem Betrieb verglichen, der auf den Einsatz von Pflanzenkohle, EM und Gesteinsmehl umgestellt hat. Beide Höfe haben 40 Milchkühe mit 25 Hektar Grünland, es handelt sich also um keine Intensivbewirtschaftung.

Die folgenden Daten sind Durchschnittszahlen für Betriebe vergleichbarer Größe und beruhen einerseits auf den Angaben der regionalen Landwirtschaftskammer für konventionelle Milchbauern, andererseits auf den langjährigen Erfahrungswerten von Landwirten in Südostbayern, die während und nach der Umstellung von EM-Beratern intensiv begleitet wurden.

Der Einfachheit halber wurden nur die jährlichen Kostenfaktoren betrachtet, die sich durch die Umstellung verändert haben:

- Einsparungen bei Kraftfutter, Tierarzt und Medikamenten, Mineraldünger, Pflanzenschutz und Maschineneinsatz im Freiland
- Aufwendungen für Pflanzenkohle, EM-Produkte und Gesteinsmehl sowie Verluste durch die etwas geringere Milchleistung.

Kurz- und mittelfristige Veränderungen

Die bisherigen Erfahrungen haben gezeigt, dass die positiven Effekte der Umstellung teilweise erst nach einigen Monaten bis zu einem Jahr voll zur Geltung kommen:

Das Kraftfutter darf beispielsweise nicht schlagartig reduziert werden, sondern nur in dem Maß, wie die Tiere auf die neuen Futterzusätze und die gesundheitlichen Verbesserungen ansprechen.

Außerdem wirkt sich die Ausbringung der behandelten Gülle verzögert auf die Grünfutterqualität aus.

Schnell bemerkbar macht sich dagegen die verbesserte Stallhygiene; Tierarztbesuche verringern sich, auch die Maschinen-, Dünge- und Spritzmittelkosten reduzieren sich von Anfang an.

Mehrkosten / Minderertrag

- Der konsequente und umfassende Einsatz von Futterkohle und EM-Produkten als Futterbeigabe sowie von EM-Verneblern lässt sich mit rund **230 Euro/Kuh** ansetzen. Pflanzenkohle und Gesteinsmehl für die Einstreu werden nicht extra berechnet, sondern gelangen später mit in die Gülle und sind somit in den Gesamtkosten für die Güllezusätze enthalten.

- Bei der Güllebehandlung entstehen gemäß der Dosierungsanleitung Kosten von etwa **100 Euro/Kuh**, ausgehend von 5 Euro/m³ Gülle und 20 m³ Gülle/Kuh.

- Durch die erhebliche Reduzierung des Kraftfutteranteils sinkt die Milchleistung von durchschnittlich **7.500 Liter** auf etwa **7.000 Liter/Kuh**. Dass dieser Rückgang so geringfügig ist, hat zwei wesentliche Gründe: Erstens steigt die Grundfutterleistung durch das nahrhaftere Grünfutter von ca. **3.500 Liter** auf etwa **4.800 Liter**. Zweitens ist weniger Milch krankheitsbedingt unverkäuflich. Die Minderleistung von 500 Liter entspricht bei einem Milchpreis von 40 Cent/Liter **200 Euro/Kuh**.

=> Die Summe aller Mehrbelastungen pro Jahr ergibt somit **530 Euro/Kuh** bzw. **21.200 Euro** für den Gesamtbetrieb.

Ersparnis

- Die Tierarzt- und Medikamentenkosten gehen um mindestens zwei Drittel zurück (häufig sogar noch mehr) und betragen im Schnitt nur noch etwa **50 Euro/Kuh** statt **150 Euro/Kuh**: eine Ersparnis von **100 Euro/Kuh**.

- Die Kosten für Kraftfutter sinken von etwa **450 Euro** auf **50 Euro**: eine Ersparnis von **400 Euro/Kuh**.

- Mineraldünger **(100 Euro/Kuh)** und Spritzmittel plus Nachsaat **(30 Euro/Kuh)** werden überflüssig: eine Ersparnis von **130 Euro/Kuh**.

Bei der Umstellung auf die tägliche EM-Vernebelung im Stall eignet sich zunächst auch eine einfache Rückenspritze. Wenn sich die Maßnahme bewährt, lohnt die Installation feststehender EM-Vernebler mit automatischer Steuerung.

- Die Maschinenkosten im Freiland verringern sich von etwa **1.000 Euro** auf **800 Euro pro Hektar**, dies ergibt eine Ersparnis von etwa **100 Euro/Kuh**:

  1. Es wird weniger Gülleflüssigkeit ausgebracht, weil sie nicht mehr verdünnt werden muss.
  2. Die Ausbringung von Dünge- und Spritzmitteln entfällt.
  3. Auch eine Nachsaat wegen der Ätzwirkung der unbehandelten Gülle ist nicht mehr notwendig.
  4. Durch den veränderten Pflanzenwuchs ist in der Regel ein Schnitt weniger pro Jahr erforderlich, da die Gräser nicht so schnell welken und damit auch weniger Nährstoffe verlieren.

=> Die Summe aller Einsparungen pro Jahr ergibt etwa **730 Euro/Kuh** bzw. **29.200 Euro** für den Gesamtbetrieb.

Kosten-Nutzen-Rechnung (pro Kuh)

Mehrkosten / Minderertrag		Ersparnis	
Futterkohle / Pflanzenkohle / EM / Gesteinsmehl im Stall	230 €	Tierarzt/Medikamente	100 €
		Kraftfutter	400 €
Güllezutaten	100 €	Mineraldünger	100 €
Milchverlust	200 €	Spritzmittel/Nachsaat	30 €
		Maschinenkosten im Freiland	100 €
Mehrkosten gesamt	**530 €**	**Ersparnis gesamt**	**730 €**

Fazit: Der auf den Einsatz von Pflanzenkohle, EM und Gesteinsmehl umgestellte Milchviehbetrieb hat also einen jährlichen Profit von etwa **200 Euro/Kuh**, bei 40 Kühen ergibt dies einen Gesamtgewinn von **8.000 Euro pro Jahr**.

Dazu kommen weitere positive Veränderungen, die in der Kosten-Nutzen-Rechnung nicht berücksichtigt wurden – entweder weil ihr finanzieller Effekt von zu vielen Einzelheiten abhängt (geringere Remontierungsrate, geringere Kälbersterblichkeit, höhere Laktationszahl, höhere Fruchtbarkeit, niedrigere Deckkosten, höheres Schlachtgewicht, kürzere Mastdauer, Vermarktung von überschüssiger Gülle bzw. Festmist) oder weil sie »nur« die Arbeitsabläufe reduzieren bzw. das Arbeitsumfeld verbessern (geringerer Zeitaufwand zur Pflege kranker Tiere, deutlich verbessertes Wohlbefinden der Tiere, fast keine Geruchsbelästigung mehr).

Und nicht zuletzt: der nachhaltige und immer weiter zunehmende Humusaufbau im Grün- und Ackerland und die damit verbundenen dauerhaften Ertragssteigerungen.

(Für die fachliche Unterstützung sowie die Überlassung des verwendeten Zahlenmaterials im Rechenbeispiel bedanken wir uns bei Christoph Fischer und seinem Team von em-Chiemgau.)

Kaskadennutzung im Hühnerstall

Im Geflügelvermehrungsbetrieb von Jürgen Hemker erzeugen rund 32.000 Elterntiere jährlich etwa 6 Millionen Bruteier. Diese Eier werden dann an eine Brüterei geliefert, in der die Küken schlüpfen, bis sie schließlich in einen Mastbetrieb kommen.

In den vier Großställen ist der beißende Gestank nach Ammoniak verschwunden und die Hühner sind deutlich gesünder als früher.

Jeweils 8.000 Tiere sind in vier 90 Meter langen Ställen untergebracht. Wie in vielen anderen Geflügelbetrieben herrschte auch hier bis vor etwa vier Jahren ein beißender Ammoniakgestank, dazu kam ein hohes Staubaufkommen durch die Einstreu. Den krankheitsanfälligen Hühnern mussten häufig Medikamente verabreicht werden.

2013 entschloss sich Hemker zu einer umfassenden Stallsanierung, wozu zunächst vor allem die Verbesserung des Stallklimas und damit der Tiergesundheit gehörten. Seither nutzt er die Kaskadenwirkung der Pflanzenkohle ab der Einstreu und einen EM-Kräuterextrakt (Chiemgauer fermentierter Kräuterextrakt), der bei der Stallreinigung mittels Weinbauspritze auf die Einstreu und an den Stallwänden ausgebracht wird.

Außerdem werden 6 Liter dieses EM-Kräuterextrakts pro Tonne Hühnerfutter in einem separaten Futtercontainer direkt auf das Futter gesprüht, und weitere 4 ml/m² gelangen täglich im Abstand von 15 Minuten für jeweils 15 Sekunden über eigens eingerichtete Vernebelungsanlagen direkt in die Ställe, wo sie sich über eine Tunnellüftung mit einem Druck von 4 bar gleichmäßig überall verteilen. Das sind 4,5 bis 5 Liter/Stall und Tag. Eine weitere Maßnahme ist der Zusatz von Futterkohle zum regulären Futter, indem 1 kg/t mittels Dosieranlage auf der Futterspirale verteilt wird, die in den Stall führt.

Dank dieser Maßnahmen hat sich bei geringem Arbeitsaufwand ein völlig anderes Stallklima entwickelt, wodurch sich Gesundheit und Wohlbefinden der Tiere entscheidend verbessert haben:

- Ammoniakgestank und Staubbelastung gehören der Vergangenheit an.

- Die Tiere sind deutlich gesünder und vitaler; seit mehreren Jahren müssen keine Antibiotika mehr gegeben werden und typische Leberprobleme sind ebenfalls verschwunden.

- Bei gleicher Leistung brauchen die Tiere weniger Futter; Vitamine und andere Nahrungsergänzungsmittel konnten gleichfalls reduziert werden.

- Auch die Küken aus den Eiern dieser Hühner sind viel widerstandsfähiger und daher bei den Händlern sehr gefragt.

- Der fermentierte Mist ist voluminöser und riecht angenehm nach Waldboden; getrocknet und pelletiert wird er inzwischen als hochwertiger Naturdünger verkauft.

In einem Container, der an die Futtersilos grenzt, stehen die Dosieranlagen für den EM-Kräuterextrakt [links].
Über ein Verneblersystem wird der EM-Kräuterextrakt regelmäßig im gesamten Stall verteilt – mit verblüffendem Erfolg [rechts].

Rechenbeispiel 2: Pflanzenkohle in der Biogasanlage

In Biogasanlagen werden Bioreststoffe, Energiepflanzen und tierische Ausscheidungen vergoren. Dabei entsteht vor allem Methan als energiereiches Gas, das zur Strom- und Wärmegewinnung sowie zur Einspeisung ins Erdgasnetz genutzt wird. Der verbleibende Gärrest ist fast so nährstoffreich wie Gülle, dabei aber pflanzenverträglicher und wird im Ackerbau in großen Mengen als Dünger eingesetzt.

Wird dem Ausgangsmaterial vor der Vergärung im Fermenter noch Pflanzenkohle zugefügt, erhöht sich der Biogas-Ertrag erheblich. Die Kohle bleibt dabei vollständig im Gärrest erhalten und ist anschließend mit Nährstoffen aufgeladen. Durch das Ausbringen des Kohle-Gärrests als Dünger kommt sie im Boden dann nochmals zur Wirkung.

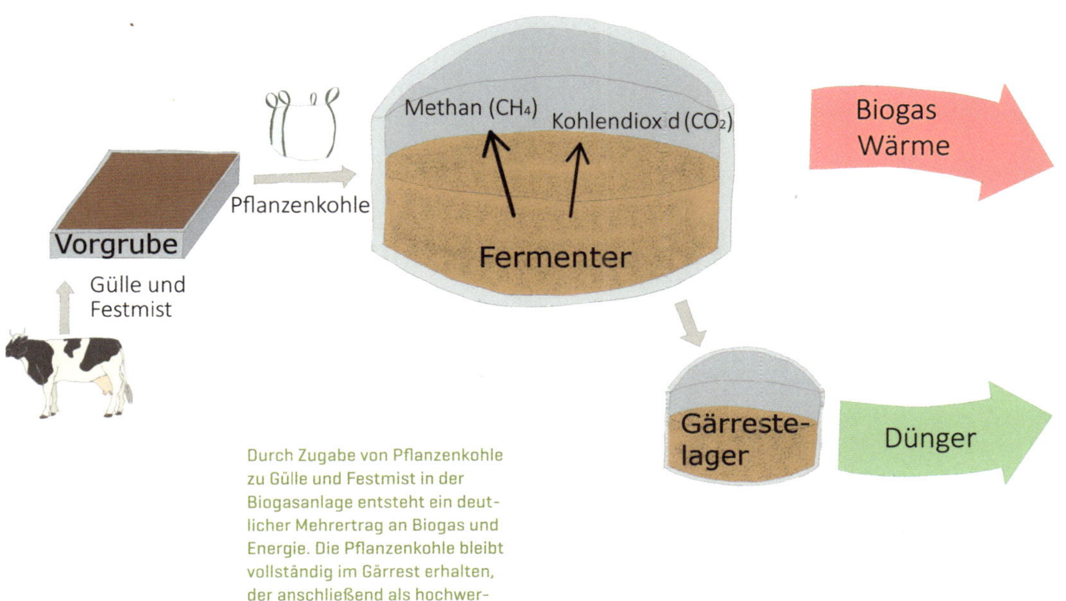

Durch Zugabe von Pflanzenkohle zu Gülle und Festmist in der Biogasanlage entsteht ein deutlicher Mehrertrag an Biogas und Energie. Die Pflanzenkohle bleibt vollständig im Gärrest erhalten, der anschließend als hochwertiger Dünger genutzt wird.

Ein Geschäftsmodell

Ein mögliches Geschäftsmodell könnte folgendermaßen aussehen:

- Verkauf Biogas: 1 Tonne Pflanzenkohle à 600 Euro wird mit 350 Tonnen Biomasse gemischt. Durch den um zehn Prozent höheren Biogas-Ertrag erhöht sich der Erlös aus dieser Biomasse um etwa 1.650 Euro. Daraus ergibt sich innerhalb der Anlage bereits ein Zusatzgewinn von **1.050 Euro** pro Tonne eingesetzte Pflanzenkohle.

- Verkauf Gärrest: Wegen der enthaltenen Pflanzenkohle können die Gärreste teurer verkauft werden. Pro Tonne enthaltene Kohle kann etwa **400 Euro** mehr verlangt werden. Davon profitieren andererseits auch Landwirte, die auf diese Weise bereits aufgeladene Kohle zu einem deutlich günstigeren Preis beziehen und diese direkt mit den Gärresten ausbringen können. Der Kohlegehalt im Gärrest entspricht dabei etwa dem empfohlenen Kohleanteil bei der Gülle- und Festmistbehandlung (Seite 153).

Tipp: Die weitgehend getrockneten Kohle-Gärreste lassen sich sehr gut auch als Einstreu verwenden.

Fazit: Pro Tonne Pflanzenkohle entsteht für den Biogasanlagen-Betreiber ein Mehrertrag von insgesamt **1.450 Euro** und für den Landwirt ein Gewinn von **200 Euro**.

Die Effizienz der Kaskade

Wie schon im Beispiel des Milchviehbetriebs beschrieben, endet auch hier die Kaskade mit dem dauerhaften Verbleib der Pflanzenkohle im Boden. Beide Abläufe zeigen, dass sich der Einsatz von Pflanzenkohle in der Landwirtschaft sowohl finanziell lohnt als auch aktiven Umweltschutz bedeutet: Hier geht es nicht nur um Einzelmaßnahmen, sondern die Abfallvermeidung und die Verwertung von Reststoffen wird bei jedem Schritt optimiert, sodass der Gesamtablauf maximal umweltverträglich und nachhaltig ist – ein gutes Beispiel für das neue Prinzip der »Blue Economy«.

Rechenbeispiel 3: Pflanzenkohle im Ackerbau

In diesem kurzen Rechenbeispiel wird Sommerweizen angebaut; es sollen pro Hektar 4 Tonnen aufgeladene Pflanzenkohle flächig ausgebracht werden. Dabei wird die Pflanzenkohle nur einmal eingesetzt, wogegen der Extragewinn jedes Jahr aufs Neue anfällt. Dieser ergibt sich aus einer dauerhaft besseren Ernte und den regelmäßigen Einsparungen durch weniger Dünger und Pestizide.

Die Rechnung zeigt, dass die Kosten der Pflanzenkohle inklusive Zins durch den Extragewinn im Lauf der Jahre mehr als aufgewogen werden.

Jährlicher Extragewinn		**Einmalige Investition**
20 Prozent Ersparnis* bei Mineraldünger/ Pflanzenschutz	80 €/ha	4 Tonnen Pflanzenkohle à 600 € **= 2.400 €/ha**
10 Prozent Mehrertrag* aus Sommerweizen	123 €/ha	
	203 €/ha	

* Ersparnis und Mehrertrag sind sicherheitshalber niedrig angesetzt.

Entsprechend der gängigen betriebswirtschaftlichen Berechnungsweise werden Extragewinn und Investition in die Kapitalwertformel eingegeben; dafür wird ein Abzinsungsfaktor von sechs Prozent sowie eine Inflationsrate von zwei Prozent und eine Nutzungsdauer von 50 Jahren berücksichtigt. Daraus ergibt sich über die ganze Laufzeit ein Gesamtgewinn von **1.592 Euro/ha**.

Die lange Nutzungsdauer von 50 Jahren begründet sich durch die Jahrhunderte anhaltende Wirkung der Pflanzenkohle im Boden. Falls der Landwirt die Ackerfläche jedoch vorzeitig verkauft, hat sich durch den zwischenzeitlichen Humusaufbau ein erheblicher Mehrwert entwickelt, der sich in einem deutlich höheren Verkaufspreis niederschlagen wird. Damit wäre der ursprünglich angesetzte Extragewinn mehr als kompensiert.

Ein Wort zum Schluss

Wir sind froh, dass Terra Preta nach so vielen Jahrhunderten den Weg zu uns gefunden hat und die Möglichkeit eröffnet, bisherige Irrwege wie den massenhaften Einsatz von Mineraldünger und Pestiziden, falsche Bodenbearbeitung, Torfabbau und problematische Tierhaltung zu korrigieren. Deshalb freuen wir uns über jeden, der diese Methode anwendet – und es werden immer mehr. Zwar wäre es naiv zu glauben, dass allein damit der übermächtigen Agroindustrie zu begegnen wäre, aber wir sind überzeugt, dass eine Methode, die so einfach, nachhaltig und effektiv ist, zu einem Umdenken führen wird. Wir wünschen uns, dass dieser Ratgeber dazu beiträgt.

Von daher danken wir allen, deren Wissen und Erfahrung mit in dieses Buch eingeflossen sind, vor allem Josef S., dem das Thema genauso am Herzen liegt wie uns; Andreas Dinnebier vom Fachverband Pflanzenkohle e. V., dessen Informationen zur Pflanzenkohle äußerst hilfreich waren; Gemeinschaftsgärtner Christoph Klocker (Pfauengart I Axams & innsGART'l Innsbruck), der sich unermütlich für den Klimaschutz und Terra Preta einsetzt; Jürgen Hemker, stellvertretend für alle Landwirte, die uns zeigten, wie einfach gesunde Tierhaltung sein kann; und Christoph Fischer von EM-Chiemgau, dessen langjähriges Engagement mit EM und Pflanzenkohle in der Landwirtschaft schon viel bewegt hat.

Und ich danke meiner Familie – meinen Eltern, meinem Mann und unseren beiden Kindern – für ihre Beiträge und die Geduld bei der Entstehung dieses Buches.

Anhang

» Ich suche immer nach Methoden, die der Natur helfen. Wenn ich sage ›Natur‹, dann meine ich damit ein sehr kompliziertes Gefüge, das mit Leben erfüllt ist und in das wir Menschen wenig direkten Einblick haben – nicht bis ins Innerste, wie es wirklich funktioniert. Die Wissenschaftler, die sich jetzt ernsthaft mit dieser Materie auseinandersetzen, sind inzwischen darauf gekommen, wie vielseitig die Symbiosen der Pilze, Mikroorganismen und Pflanzenwurzeln sind, aber die Zusammenhänge hat man überhaupt noch nicht ausreichend erforscht.

Ich gehe da einen etwas anderen Weg. Für mich ist es sinnvoller, wenn ich durch Beobachtung über die Rückschlüsse hin zur richtigen Methode finde. Ich beobachte die Pflanzen, ihr Wachstum, den Zustand des Bodens und das alles im Verhältnis zum Wetter, zur Jahreszeit, zum Klima – viele Einzelheiten, die dann wieder zu einem Ganzen werden. Denn die Pflanze in ihrer Natürlichkeit zeigt mir ja, wie es ihr geht. Darauf kann ich dann reagieren, und wenn ich falsch reagiere, zeigt sie es mir ja auch wieder. Wenn ich immer wieder beobachte, dann komme ich mit der Zeit darauf, was ich ändern muss. Dieses Beobachten ist auch in einem bestimmten Maße ein Erspüren. «

Josef S.

Hydrothermale Karbonisierung (HTC)

Als Hydrothermale Karbonisierung wird ein Verfahren bezeichnet, bei dem Biomasse zusammen mit Wasser in einem Druckkessel bei 15 bis 60 bar und Temperaturen zwischen 180° und 260° C exotherm (= unter Energiegewinn) in 2 bis 16 Stunden zu HTC-Kohle umgewandelt wird. Erste Versuche mit dieser Technik hatte schon der Nobelpreisträger Friedrich Bergius vor gut 100 Jahren durchgeführt, intensivere Forschungen gibt es jedoch erst wieder seit etwa zehn Jahren: Seitdem klar ist, dass die fossilen Ressourcen langsam an ihr Ende kommen, und der Klimaschutz immer wichtiger wird, rückt HTC-Kohle, auch Hydrokohle genannt, wieder zunehmend in den Fokus.

Bei diesem CO_2-neutralen Verfahren, das in wenigen Stunden Prozesse nachahmt, die in der Natur Millionen Jahre dauern, kann HTC-Kohle aus jeder Art von Biomasse kostengünstig hergestellt werden – von Gärresten aus Biogasanlagen über sämtliche Gartenabfälle bis hin zu Klärschlamm ist alles nutzbar, auch sehr feuchtes Material, das sonst nicht verwertbar wäre und teuer entsorgt werden müsste. Ziel ist auf lange Sicht, diese HTC-Kohle wie Pflanzenkohle sowohl zur Bodenverbesserung im Gartenbau und in der Landwirtschaft als auch in der Industrie einzusetzen.

Ein Vorteil der HTC-Kohle ist, dass ein großer Anteil des Kohlenstoffs erhalten bleibt (rund 80 Prozent). Davon wird der kleinere Teil stabil für einige Jahrzehnte im Boden gespeichert, während der Rest sofort verfügbar ist und meist innerhalb weniger Monate umgesetzt wird.

Im Gegensatz zu Pflanzenkohle wird zudem ein Großteil des im Ausgangsmaterial enthaltenen Stickstoffs (etwa 60 Prozent) und der Mineralien Kalium (rund 50 Prozent) und Phosphor (etwa 100 Prozent) in der HTC-Kohle gespeichert. Allerdings haben viele Versuche gezeigt, dass HTC-Kohle das Pflanzenwachstum hemmt. Hauptursache dafür dürften verschiedene Giftstoffe sein, die während des hydrothermalen Prozesses entstehen und sich in der Kohle festsetzen. Außerdem kommt es durch den schnell verfügbaren Kohlenstoffanteil zu einer rapiden Zunahme der Mikroorganismen, die für ihr Wachstum dem Boden Stickstoff entziehen, der dann den Pflanzen fehlt – ein Nachteil, der sich eventuell durch vorheriges Aufladen mit Nährstoffen, z. B. durch Kompostieren, ausgleichen ließe.

Derzeit wird intensiv daran geforscht, die genannten Probleme zu lösen. Wenn dies gelänge, könnte HTC-Kohle durch die günstige Herstellung und ihren hohen Kohlenstoffanteil sowie die Vielfalt an geeigneten Ausgangsmaterialien einen weiteren Durchbruch für die Bodenverbesserung bedeuten.

Rechtliches und Qualitätsstandards

Hobbygärtner dürfen in ihrem Garten alles einsetzen, was nicht ausdrücklich verboten ist, das heißt Pflanzenkohle, Gesteinsmehle und EM sind erlaubt.

Für die konventionelle Landwirtschaft gilt in Deutschland und Österreich die jeweilige aktuelle Düngemittelverordnung für den Einsatz im Boden. Die deutschen Bestimmungen fordern dabei Pflanzenkohle aus Holz mit mindestens 80 Prozent Kohlenstoffgehalt.

Für die Verwendung von Futterkohle gilt für beide Länder die aktuelle EG-Verordnung 178/2002. Für den Einsatz von Pflanzenkohle in der biologischen Landwirtschaft gibt es eigene Regelungen (Seite 150). In der Schweiz darf EBC-zertifizierte Pflanzen- und Futterkohle eingesetzt werden.

Dieses EBC-Zertifikat wurde 2012 in der Schweiz von Fachleuten etabliert, um damit verbindliche Richtwerte für qualitativ hochwertige Pflanzenkohle festzulegen. Es beinhaltet strenge Grenzwerte für Schadstoffe wie PAKs, Dioxine und Schwermetalle, außerdem fordert es die regionale Herkunft der Rohstoffe und enthält genaue Analysebedingungen für Probenahme und Häufigkeit. Das EBC-Zertifikat garantiert also dem Käufer, dass er die Pflanzenkohle bedenkenlos einsetzen kann.

Für das EBC-Premium-Zertifikat gelten noch strengere Grenzwerte, die bei www.european-biochar.org gelistet sind.

Weiterführende Informationen zum Kauf von Pflanzenkohle

Volumen und Gewicht

In der Regel wird Pflanzenkohle nach Volumen verkauft (Liter oder m^3). Dabei sind Körnung und spezifisches Gewicht relevant: Je größer die Kohlestücke, desto mehr Hohlräume entstehen in der Verpackung und umso weniger Pflanzenkohle ist enthalten. Das spezifische Gewicht der Kohle hängt wiederum vom Ausgangsmaterial ab: Beispielsweise hat Kohle aus Holz mit einem Wassergehalt von etwa 20 Prozent ein spezifisches Gewicht von 0,3 bis 0,35, was 3 bis 3,5 kg pro 10 Liter entspricht. Pflanzenkohle aus leichter Biomasse wie Stroh oder Getreidespelzen ist viel weniger kompakt als aus Holz, was bedeutet, dass sie bei gleichem Volumen und Wassergehalt weniger Kohle enthält und deshalb auch bis zu einem Drittel leichter sein kann als diese.

Wassergehalt-Test

Den Wassergehalt von Pflanzenkohle können Sie mit einem einfachen Test selbst überprüfen, indem Sie eine Probe nehmen, wiegen, im vorgeheizten Ofen 10 bis 20 Minuten bei 150° C vollständig trocknen und sie erneut wiegen. Der Gewichtsunterschied ist die in der Probe enthaltene Wassermenge. Das Verhältnis von Wassermenge zum Anfangsgewicht der Probe ist der Wassergehalt in Prozent.

Beispiel: Eine Probe mit 80 g wiegt nach dem Trocknen nur noch 68 g. Der Wassergehalt beträgt in diesem Beispiel also 12 g = 15 Prozent. (Bei den meisten Herstellern liegt der Wassergehalt zwischen 15 und 20 Prozent.)

Fragen Sie am besten vor dem Kauf, welches Ausgangsmaterial für die Pflanzenkohle verwendet wurde.

Qualitäts-Schnelltests

Sowohl bei gekaufter als auch bei selbst hergestellter Pflanzenkohle (Seite 108) kann man offenkundige Qualitätsmängel mittels einfacher Tests selbst erkennen.

Zunächst können Sie die Kohle sensorisch prüfen: Hochwertige Pflanzenkohle ist geruch- und geschmacklos. Sie darf weder nach Rauch bzw. Kondensat riechen oder schmecken noch einen sauren, stechenden Geruch aufweisen. Außerdem dürfen keine Kondensationsreste wie Teer oder Holzessig erkennbar sein. Auch nennenswerte Anteile (über einem Prozent) an nicht verkohltem Material sind inakzeptabel, geschweige denn Fremdkörper wie beispielsweise Metall oder Glas. Darüber hinaus sollte kaum Asche sichtbar sein.

Wer ganz sicher gehen will: Auch bei unauffälligem Geruch und Geschmack können trotzdem PAKs enthalten sein, die sich mit dem einfachen Behälter-Test nachweisen lassen. Dafür eine Probe der Kohle in eine Plastiktüte oder ein Schraubglas geben, mit etwas Wasser besprühen, den Behälter verschließen und eine Stunde stehen lassen. Den Behälter öffnen und sofort daran riechen. Wenn sich jetzt ein Rauchgeruch oder ein stechend saurer Geruch wahrnehmen lässt, sind in jedem Fall bedenklich viele PAKs in der Kohle enthalten.

Eine weitere, noch differenziertere Testmethode ist der PAK-Aceton-Schnelltest, den Sie ebenfalls selbst durchführen können. Die entsprechende Anleitung finden Sie bei dem auf Seite 174 angegebenen Link.

Die drei Hauptgruppen der Mikroorganismen

Wegen der unterschiedlichen Eigenschaften der Effektiven Mikroorganismen, die einander ergänzen und sich teilweise von den jeweiligen Stoffwechselprodukten der anderen ernähren, sind sie in ihrer Gesamtheit sowohl unter Luftabschluss [anaerob] als auch an der Luft [aerob] wirksam:

Fotosynthesebakterien

Sie bauen Giftstoffe ab: aromatische Verbindungen wie PCB [polychlorierte Biphenyle] und PAKs, organische Chlorverbindungen [Dioxin und DDT], Öle, Rost, Schwefelwasserstoff und Nitrit.

Außerdem spalten sie holzige Pflanzenanteile [Lignin] und andere organische Verbindungen auf. Bei ihrer Photosynthese wird Energie frei, die sie den anderen EM zur Verfügung stellen.

Milchsäurebakterien

Sie sind für die Fermentierung zuständig: In sauerstoffarmer Umgebung wandeln sie Kohlenhydrate und Zucker zu Milchsäure und Essigsäure um. Dabei werden außerdem Vitamine und Proteine gebildet.

Hefen

Sie verarbeiten ebenfalls Kohlenhydrate und Zucker, dabei entstehen jedoch Säuren, Alkohole, Enzyme, Vitamine und Antioxidanzien. Sie können Sauerstoff verwerten und dadurch die Milchsäurebakterien vor zu viel Sauerstoff schützen [oft kann man deshalb eine Hefeschicht auf der Oberfläche von EM-Lösungen beobachten].

EM-Keramik

Damit sie arbeiten können, brauchen die Effektiven Mikroorganismen Temperaturen zwischen 5 und 40° C; unter 5° C werden sie inaktiv und gehen in eine Art Winterschlaf, bei zu hohen Temperaturen werden sie zerstört.

Ein Sonderfall ist EM-Keramik, die entweder in Pulverform oder als EM-Keramikpipes [Keramik-Röhrchen] angewendet wird. Hierbei wird Ton zuerst monatelang mit EM fermentiert und anschließend bei über 1000° C gebrannt. Dadurch sterben die Effektiven Mikroorganismen zwar ab, aber ihre Strukturen prägen sich dauerhaft in den Ton ein und stabilisieren dort, wo diese EM-Keramik eingesetzt wird, ein aufbauendes Milieu [z. B. im Wasser und in der Erde].

Weiterführende Literatur

Baumjohann, Dorothea: Kistengärtnern: Mobile Selbstversorgung step by step. München 2017

Dunst, Gerald: Humusaufbau: Chance für Landwirtschaft und Klima. Ökoregion Kaindorf 2011

Francé, Raoul H.: Das Leben im Boden/Das Edaphon: Untersuchungen zur Ökologie der bodenbewohnenden Mikroorganismen. Kevelaer 2012

Fukuoka, Masanobu: Der Große Weg hat kein Tor. Nahrung, Anbau, Leben. Darmstadt 2007

Heistinger, Andrea (Arche Noah e. V.): Handbuch Bio-Balkongarten. Gemüse, Obst und Kräuter auf kleiner Fläche ernten. Innsbruck 2013

Kreuter, Marie-Luise: Der Biogarten. München 2012

Kullmann, Folko: Gärtnern mit dem Hochbeet: So einfach geht's. München 2015

Lorch, Anne: EM – Eine Chance für unsere Erde: Effektive Mikroorganismen. Wirkungsweise und Praxis. Heiligenschwendi 2013

Löwenstein, Felix zu: Food Crash – Wir werden uns ökologisch ernähren oder gar nicht mehr. München 2017

Mau, Franz-Peter: EM – Fantastische Erfolge mit Effektiven Mikroorganismen in Haus und Garten, für Pflanzenwachstum und Gesundheit. München 2011

Quicker, Peter; Weber, Kathrin und 11 andere: Biokohle – Herstellung, Eigenschaften und Verwendung von Biomassekarbonisaten. Heidelberg, Berlin 2017

Rusch, Hans-Peter: Bodenfruchtbarkeit – Eine Studie biologischen Denkens. Kevelaer 2012

Scheffer / Schachtschabel: Lehrbuch der Bodenkunde, 16. Auflage. Berlin 2010

Scheub, Ute; Schwarzer, Stefan: Die Humusrevolution: Wie wir den Boden heilen, das Klima retten und die Ernährungswende schaffen. München 2016

Scheub, Ute; Pieplow, Haiko; Schmidt, Hans-Peter: Terra Preta. Die schwarze Revolution aus dem Regenwald: Mit Klimagärtnern die Welt retten und gesunde Lebensmittel produzieren. München 2013

Schneider, Manuel / AgrarBündnis e. V.: Landwirtschaft – Der kritische Agrarbericht 2015 Schwerpunkt: Agrarindustrie und Bäuerlichkeit. Hamm 2015

Schwester Christa Weinrich OSB: Mischkultur im Hobbygarten. Stuttgart 2015

Shackley, Simon; Ruysschaert, Greet; Zwart, Kor; Glaser, Bruno: Biochar in European Soils and Agriculture: Science and Practice. London 2016

Thomas, Adrian: Gärtnern für Tiere: Das Praxisbuch für das ganze Jahr. Bern 2013

Zschocke, Anne Katharina: Natürlich heilen mit Bakterien: Gesund mit Leib und Seele. Wien 2016

Zschocke, Anne Katharina: Die erstaunlichen Kräfte der Effektiven Mikroorganismen EM: Gesundheit, Haushalt, Garten, Wasser. München 2017

Hilfreiche Internetadressen

Alles rund um Terra Preta, Pflanzenkohle und Kon-Tiki
www.ithaka-journal.net/kon-tiki-die-demokratisierung-der-pflanzenkohleproduktion

Christoph Fischer GmbH EM-Chiemgau (»Rosenheimer Projekt«)
https://www.em-chiemgau.de/ueber-em-chiemgau/projekte/das-rosenheimer-projekt/

Verein Ökoregion Kaindorf
https://www.oekoregion-kaindorf.at/

Forum zum Austausch über alle Themen zu Terra Preta und Pflanzenkohle
www.terra-preta-forum.de

Fachverband Pflanzenkohle e. V.
www.fachverbandpflanzenkohle.org

Biochar International (englischsprachig)
www.biochar-international.org

EBC-Zertifikat (Positivliste, Richtlinien und Produzenten)
www.european-biochar.org/biochar/media/doc/1370383494539.pdf
www.european-biochar.org/de/home
www.european-biochar.org/de/produzenten

Kon-Tiki-Öfen (Selbstbau)
www.erdnah-blog.de/pflanzenkohle-woher-nehmen-wenn-nicht
www.backyardbiochar.net (englischsprachig)

Sampada-Ofen
www.triaterra.de
www.sampada.de

Chantico-Terrassenofen
www.chantico-terrassenofen.de

PAK-Schnelltest für Pflanzenkohle
www.funkelabor.de/media/download/Bod/PAK_Schnelltest_neu.pdf

Hersteller von Pyrolyseanlagen für Pflanzenkohle (Karbonisierungsanlagen), auch mobilen Karbonisierungsanlagen sowie Hersteller von Pflanzenkohle, Pflanzenkohle-basierten Komposten und Bodenverbesserern (Stand März 2017)
www.region-hannover.bund.net/fileadmin/bundgruppen/bcmshannover/Terra_Preta/2017/_Liste_aller_Hersteller_Pflkkohle_Substrate_und_Anlagen_25-4-2017__1_.pdf

Klima-Bündnis Europa
www.klimabuendnis.org/ueber-uns.html

ARCHE NOAH – Gesellschaft für die Erhaltung der Kulturpflanzenvielfalt & ihre Entwicklung
www.arche-noah.at

UNSER INTERNET-AUFTRITT: TerraTirol KG
www.terratirol.at

Nachhaltigkeit bei oekom: Wir unternehmen was!

Die Publikationen des oekom verlags ermutigen zu nachhaltigerem Handeln – glaubwürdig und konsequent. Auch als Unternehmen sind wir Vorreiter: Ein umweltbewusster Büroalltag sowie umweltschonende Geschäftsreisen sind für uns ebenso selbstverständlich wie eine nachhaltige Ausstattung und Produktion unserer Publikationen.

Für den Druck unserer Bücher und Zeitschriften verwenden wir fast ausschließlich Recyclingpapiere, überwiegend mit dem Blauen Engel zertifiziert, und drucken wann immer möglich mineralölfrei und lösungsmittelreduziert. Unsere Druckereien und Dienstleister wählen wir im Hinblick auf ihr Umweltmanagement und möglichst kurze Transportwege aus. Dadurch liegen unsere CO_2-Emissionen um 25 Prozent unter denen vergleichbar großer Verlage. Unvermeidbare Emissionen kompensieren wir zudem durch Investitionen in ein Gold-Standard-Projekt zum Schutz des Klimas und zur Förderung der Artenvielfalt.

Als Ideengeber beteiligt sich oekom an zahlreichen Projekten, um in der Branche und darüber hinaus einen hohen ökologischen Standard zu verankern. Über unser Nachhaltigkeitsengagement berichten wir ausführlich im Deutschen Nachhaltigkeitskodex (www.deutscher-nachhaltigkeitskodex.de).

Schritt für Schritt folgen wir so den Ideen unserer Publikationen – für eine nachhaltigere Zukunft.

Jacob Radloff
Verleger

Dr. Christoph Hirsch
Leitung Buch